오늘도
투석실로
출근합니다

꼴통 피터의 웃픈 투병일지
오늘도 투석실로 출근합니다

1판 1쇄 인쇄 2025년 6월 20일
1판 1쇄 발행 2025년 6월 25일

지은이　　피터윤
펴낸이　　박형진
펴낸곳　　별에오르다

기획　　　박형진
책임편집　박종례
윤문·교열　정미경
디자인　　윤은실

등록번호　380-2024-000139
주소　　　경기도 성남시 광명로323번길 6 302-1호
전화　　　1670-4515
전자우편　sman8282@naver.com

ISBN 979-11-992603-0-6 03800

값 16,000원

※ 이 책은 저작권법에 의해 보호를 받는 저작물로, 무단 전재나 복제를 금지합니다.
※ 이 책의 전부 혹은 일부를 사용하려면 반드시 저작권자와 발행인의 서면동의를 받아야 합니다.
※ 잘못 만들어진 책은 구입하신 서점에서 교환해 드립니다.

■ 일러두기
본 도서는 냉소적이고 재치 있는 작가의 말투를 최대한 살리기 위해, 맞춤법에 어긋나는 표현을 일부 허용하였습니다.

오늘도 투석실로 출근합니다

꼴통 피터의 웃픈 투병일지

피터윤 지음

별에
오르다

프롤로그

꼴통 피터의 웃픈 이야기, 책이 되다

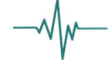

"피터야, 너 신환모에 가입했냐? 신장병 환우 모임 인터넷 카페인데 아직 안 했으면 가입해봐. 넌 신장병 고수잖아. 하하하."

18년 전 어느 날, 저처럼 투석을 하던 형이 신장병 환우 모임 인터넷 카페 '신환모'의 회원 가입을 권했습니다. 당시 저는 25년 넘게 투병 생활을 해왔지만 그런 카페가 있는지도 몰랐고 찾아볼 생각조차 못했습니다.

그리고 인터넷 카페에 처음 가입하고 '신환모'에 올라온 글들을 본 뒤에야 신장병 환우분들이 그렇게 많다는 걸 처음 알았습니다.

카페에 올라온 글을 보니 대부분이 병과 투석에 대한 두려움, 삶에 대한 절망, 왜 나에게 이런 병이 생겼는지에 대한 의문 등 부정적인 내용들이었습니다. 어느 날 갑자기 투석 치료 또는 신장 이식 수술을 해야만 살 수 있다고 한다면 부정적인 생각이 드는 게 당연합니다. 정말 다양한 아픔과 사연들이 많았습니다.

저도 그랬던 적이 있는지 생각해 봤습니다. 저는 여섯 살에 신장병을 진단받고 열 살 때부터 혈액투석을 시작했기 때문에 그런 절망감은 느껴보지 못했던 것 같습니다.
그 후로 신장 이식 수술을 받았고, 복막투석에 이어 지금은 다시 혈액투석을 하고 있습니다. 신장병과 함께한 25년의 투병 생활이 모두 절망적이었냐 하면, 그것도 아닙니다. 긴 투병 중에도 제가 행복했던 적이 분명 있었고 즐거웠던 날도 있었습니다. 그런 날들이 지금껏 저를 버티게 해준 게 아닐까 하는 생각이 듭니다.

그렇게 저는 25년간의 제 이야기를 일기 형식으로 인터넷 카페에 쓰기 시작했습니다. 환우분들의 힘든 투병 생활에 잠깐이나마 웃음과 위로를 드리기 위해 밝고 유

머러스하지만 최대한 덤덤하게 썼습니다.

처음에는 환우분들에게 웃음을 드리고 싶다는 단순한 생각으로 쓰기 시작했는데, 제 글을 읽고 위로와 힘을 얻었다는 환우분들의 댓글을 읽으면서 오히려 제가 더 위로와 힘을 받았습니다.

중간에 글 쓰는 걸 잠깐 멈춘 적이 있지만, 지금까지 쓴 글이 어느덧 60여 편 정도나 되네요. 그동안 제 글을 좋아해 주시고 저를 응원해 주신 많은 분들에게 감사할 따름입니다.

올해로 투병 생활을 한 지 43년째고, 저는 여전히 혈액투석 중입니다. 그동안 복막 합병증으로 죽고 싶을 만큼 고통스러운 적도 있었고, 두 번이나 심정지를 겪는 등 쉽지 않은 삶이었습니다. 앞으로의 삶 또한 쉽지 않겠지만 그 안에서 저만의 행복을 찾으며 살고 싶습니다.

저의 그런 소소한 일상을 글로 전하며 함께 공감하고 울고 웃을 수 있다면 더없이 좋겠습니다. 제 글로 환우분들이 작게나마 위로와 힘을 얻을 수 있다면, 아니 그저 아주 잠시 제 글에 기대 쉬어가실 수 있다면, 감히 '이 세상 나름 의미 있게 살았다'고 할 수 있지 않을까 생각해 봅니다. 이제는 책으로 엮인 제 글들이 많은 분들에게 도움이 된다면 더 바랄 게 없습니다.

 책을 출판하는 일이 처음이고 직장 생활을 병행하면서 하려니 쉽지 않은 데다 중간에 장폐색으로 입원까지···. 책을 만드는 작업이 쉽지는 않았습니다.
 그러나 조금은 무뚝뚝한 것 같지만 편하게 글을 쓸 수 있도록 여러모로 배려해 주셨던 박형진 대표님과 항상 하나하나 친절하게 소통해 주셨던 박종례 편집장님께 감사드립니다. 그리고 매일 밤늦도록 저와 의논하며 이 글을 쓰는 데 많은 도움을 주고 아플 때 간병까지 해가며 저를 지지해 준 저의 사랑하는 아내 짜이 님에게 무한한 감사의 인사를 전합니다.

 끝으로, 지금도 힘든 투병을 하고 계신 분들과 오늘을 살아내는 많은 분들에게 제 글이 작은 용기와 희망이 되기를 바랍니다. 저도 언제나 응원하겠습니다. 아자자!

— 2025년 6월, 신장병 환우 꼴통 피터

차례

프롤로그
꼴통 피터의 웃픈 이야기, 책이 되다   4

제 1 장
평범하지만 평범하지 않은 부부의 이야기

1. 평범하지만 평범하지 않은 부부의 이야기   14
2. 피터의 작은 사랑 이야기1_ 연애   19
3. 피터의 작은 사랑 이야기2_ 결혼   30
수술 이야기, 하나. 그해, 아내가 이식하던 날   42

제 2 장

꼴통 피터의 슬기로운 병원 생활

1. 황당한 수술실 에피소드 56
2. 신장병과 투석_ 초보 환자 탈출기 60
3. 나 혼자 레벨 업! 하수, 고수 그리고 마스터! 74
4. 지독한 절망을 견디게 하는 단 하나의 희망 96
5. 오늘도 투석실로 출근합니다 102
6. 먹고 죽은 귀신이 때깔도 좋을라나? 114
수술 이야기, 둘. 인생 2회차, 신장 이식 수술을 받은 날 128

제 3 장
긴 터널을 함께 걸어준 소중한 사람들 그리고 추억

1. 어머니, 어머니, 나의 어머니   138
2. 내 동생은 맛있게… 나쁜 놈   144
3. 친구와 나눈 그 어느 날의 대화   151
4. 엄마의 말씀, 삶이 되다_ 어머니 어록   159

수술 이야기, 셋. 난 아직 살아있다1_ 죽기 아니면 까무러치기 169

제 4 장
정말 하고 싶은 게 있고 할 수 있다면… 하세요!

1. 무대뽀 정신으로 바로 지금!   180
2. 족쇄, 묶인 채로 날아오르다   187
3. 심장아, 나대지 맛! 지옥 래프팅   192
4. 꿈은 꾸는 게 아니라 앞을 향해 나아가는 것   202

수술 이야기, 넷. 난 아직 살아있다2 _ 계속 잘 살 거다   211

제 5 장
살아있습니까? 그럼 살아야 합니다

1. 운빨 생존기_ 구사일생도 반복되면 일상? 224
2. 난 메르스 아닌데… 정말 아닌데… 231
3. 요단강 건넜다가 3분 만에 부활한 그날 238
4. 나는 아이언맨(Iron Man)이다 245
5. 아픈 아이를 키우고 계시는 부모님들께 252
수술 이야기, 다섯. 나만의 것이 아닌, 네 번째 삶 261

에필로그
그럼에도 불구하고 사는 이유 276

누구나 살면서 아플 수 있고,
세상에 한 번도 아프지 않은 사람은 없습니다.
다만 정도와 순서에 차이가 있을 뿐.
오히려 긴말 하지 않아도 서로를 잘 이해한다는
장점과 차이가 있습니다.

육체의 아픔으로 스스로 또는
서로에게 선입견을 갖지 않았으면 합니다.
용기 내시길 바랍니다.
지금 이 순간은 다시 돌아오지 않으니까요.

제 1 장

평범하지만 평범하지 않은 부부의 이야기

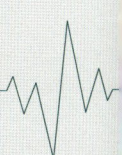

1.
평범하지만
평범하지 않은 부부의 이야기

어느 날 아내와 TV를 보고 있는데 갑자기 아내가 저에게 질문을 했습니다.

"자기야, 자기는 나 보면 아직도 설레어?"

아, 드디어 올 것이 왔습니다. 결혼 10년 차에 아내가 던진 갑작스러운 질문은 제 유부남 인생에 최대 위기감을 주었습니다. 대답 여부에 따라 앞으로 남은 제 인생이 꽃길이 될지 가시밭길이 될지 갈리는 결정적인 순간이었죠. 게다가 1초의 망설임이라도 있으면 게임 끝! 저는 진심을 담아 즉각 대답했습니다. (여기까지 0.01초 걸린 것 같습니다.)

"당… 당연하지! 그러니까 아직 자기 옆에 꼭 붙어 있잖아. 하하하."

아내의 질문에 순간 당황한 나머지 조금 더듬었지만 잘 넘어간 것 같았습니다. 하지만 이어지는 아내의 의심스러운 재질문.

"이상하다. 아직 설레면 심장에 문제가 있는 건데."

이런 상황을 이미 예상했기에 저는 거침없이 맞받아쳤습니다.

"그래서 내가 재작년에 심정지 와서 심장 수술을 했잖아. 그런데 수술이 잘못됐나 봐. 아직도 자기를 보면 설레는 걸 보니…."

(퍽! 아악!) 제가 얘기하는 도중에 날아든 아내의 찰진 등짝 스매싱! 아내가 절 째려보며 얘기하더군요.

"그때 내가 얼마나 마음 졸이고 고생했는데, 지금 그걸 말이라고 하고 있냐, 으이구!"

결국 본전도 못 건졌지만… 이런 무서운 얘기를 저희 부부는 아무렇지도 않게 농담처럼 하곤 합니다.

그렇습니다. 저희는 희귀난치질환인 만성신부전증 환자로 올해로 저는 42년째, 아내는 27년째 투병 생활을 하고 있습니다.

 만성신부전증은 신장(콩팥)의 기능이 감소해 결국은 투석 치료를 하거나 다른 사람의 신장을 이식받아야 살아갈 수 있는 병입니다. 아직까지 완치법이 없으며 신장 이식을 받더라도 언젠가는 다시 투석을 해야 하는 난치병이죠.

 저는 현재 일주일에 세 번씩 병원에 가서 네 시간 동안 투석 치료를 받고 있으며, 아내는 10년 동안 투석을 받다가 2016년 9월에 뇌사자 신장을 이식받아 9년째 잘 유지하고 있습니다.

 저희는 환우 카페에서 만나 8년간의 연애 기간을 거쳐 부부의 연을 맺었고 어느새 10년째 결혼 생활을 이어가고 있습니다. 여느 부부들처럼 때론 행복하게, 때론 티격태격하기도 하는, "평범하지만 절대 평범하지 않은 부부"입니다. 죽음과 멀지 않은 두 사람이지만 '행복하게 살기 위해 노력 중'인 것만큼은 보통의 남들과 다르지 않을 거라 생각합니다.

결혼 전 제 아내는 '평범한 가정을 이루는 것'이 꿈이라고 했습니다. 그리고 "아픈 몸으로 그 꿈을 이루기는 어려울 것 같다"고 쓴웃음을 지었습니다. 그 모습을 보면서, 저는 아내의 그 꿈을 이뤄주고 싶었습니다. 이전에는 '나의 가정'이란 걸 단 한 번도 생각해 보지 않았는데 말이죠.

'무슨 말도 안 되는 소리냐' 싶지만, 제 아내의 꿈이 그 순간부터 제 꿈이 되어버렸습니다. 비록 아내가 바라던 그런 평범한 가정은 아니더라도 어쩌면 남들과 다른 특별한 가정은 될 수 있지 않을까 싶었습니다.

서로 아프기 때문에 주변의 갖가지 우려도 많았으나, 오히려 그것이 약점이 아니라 서로에게 힘이 되지 않을까 싶었습니다. 물론 남들보다 힘들 거라는 건 잘 알지만 사랑하는 사람과 함께하며 행복해지는 데만 집중하기로 했습니다.

투석 환자와 이식 환자인 부부. 남들보다 체력이 약해 컨디션이 들쑥날쑥하고 가끔은 둘 다 힘들어 드러눕는 날도 많습니다. 하지만 컨디션이 허락한다면 함께 맛있는 것도 먹고 여행도 다니며 취미 생활도 즐깁니다.

일상을 나누고 험난한 여정을 함께할 동반자가 곁에 있다는 사실만으로도 힘든 길이 즐거운 길이 되는 것 같습니다.

이제 아내의 질문에 다시 대답해야겠습니다.
지금은 연애할 때처럼 손길만 스쳐도 심장이 마구 나댈 정도의 설렘은 아니지만, 아내를 보면 한결같이 잔잔하게 설레고 나도 모르게 미소 짓게 된다고 말이죠.
그리고 저도 물어봐야겠습니다.

"자기야, 나 보면 설레?"

10년째 신혼인 피터

2.
피터의 작은 사랑 이야기1
_ 연애

　　　　　　요즘은 건강한 사람들도 연애나 결혼이 어렵다고 하는데, 더군다나 저는 몸이 아프니 꿈도 꾸지 못했습니다. 그런데 어찌하다(?) 보니 운 좋게 그 꿈을 이루었네요.
　혹시 지금 연애나 결혼을 고민하고 계신 분이 있다면, 제 이야기가 조금이나마 희망이 되기를 바랍니다.

　제가 그녀를 처음 만난 건 2007년 4월 어느 봄날, 신장병 환우 온라인 카페의 정모 때였습니다. 당시 저는 카페에 가입한 지 얼마 안 됐을 무렵이었고 그런 모임도 처음이었습니다. 1차 장소였던 식당에서 환우들과 이런저런 이야기를 나누고 있는데, 조금 늦게 도착한 어떤 여자 분이 제 앞으로 지나갔습니다.

작고 아담한 체격만 얼핏 보고는 '아, 저런 어린 친구도 투병 중이구나'라고 생각했죠. 얼굴을 봤을 때도 워낙 동안이라 학생인 줄 알았는데 나중에 알고 보니 저보다 한 살 연상이었습니다. (실제로는 연도만 다른 2개월 차이. 크크큭!)

그녀와는 멀리 떨어져 앉아 있어서 얘기할 기회가 없었는데, 2차로 간 카페에서 자리를 잡고 보니 그녀가 제 앞에 앉아 있었습니다. 자연스럽게 이런저런 얘기를 나누었지만, 신장병 환우 정모다 보니 대부분 투석, 이식, 식이요법 등 재미(?)없는 얘기들뿐이었죠.

그녀는 20대부터 신장이 안 좋았으며 혈관 수술을 받고 한 달 뒤부터 투석할 예정이라고 하더군요. 투석을 시작하기 전이라 모르는 게 많고 겁이 나기도 해서 온라인 카페에 가입한 뒤 처음으로 정모에 나왔다고 했습니다. 어쩌다 보니 '투석 선배'로서 그동안 겪었던 저의 경험담을 얘기해 주었습니다.

그때가 그녀와의 첫 만남이었습니다.

당시 전 이성이나 연애에는 별 관심이 없었고, 전년도에 장 수술을 받은 상태라 먹을 것만 엄청 밝히는 중이었죠. 다만 그녀가 이제 막 투석을 시작하는 단계라 하니 안타까운 마음에 많은 얘기를 해주었습니다.

그런데 아내는 제 첫인상이 재수 없었다고 하더군요. 야구모자를 푹 눌러쓴 놈이 맞은편에서 팔짱을 낀 채 뚱하게 앉아 있는 모습을 보고 '빨리 집에 가야겠다'는 생각을 했다고…. 푸하하하! 물론 대화하면서 오해는 풀었지만, 지금도 가끔 그 얘기를 하며 아내는 혼자 웃곤 한답니다.

짧은 시간 동안 투석에 관한 얘기를 다 하기엔 부족했기에 그녀는 그 이후 가끔 제 메신저로 이것저것 물어왔고, 저는 투석에 잘 적응하길 바라는 마음으로 제가 아는 범위에서 최대한 답변을 해주었습니다.

그러다 그녀를 포함해서 마음 맞는 몇몇 회원들끼리 메신저에 수다방을 만들고 밤새 수다를 떨며 놀았습니다. 덕분에 회사에 지각하는 일이 부지기수였죠.

그렇게 그녀와 친구처럼 지내다 보니… 자꾸 보면 정든다고, 언제부턴가 그녀가 제 마음에 점점 자리를 잡기 시작했습니다. 처음에는 '이게 뭐지?' 하고 당황스러웠습니다. 바보같이, 그게 그린라이트라는 걸 한참 뒤에야 알게 되었죠.

그때는 '내 몸 하나 건사하기도 힘든데 연애라니 말도 안 돼!' 하며 제 마음을 부인하고 스스로를 다그쳤습니다. 그러나 그녀를 만나면 마냥 좋았고(물론 수다방 멤버들이랑 다 같이 보는 거지만), 헤어지면 아쉬웠고, 집에 가면 자꾸 생각났고…. 이런 적은 처음이라 혼란스러웠습니다.

'와, 이거 도대체 왜 이러지? 내가 돌았나?'

도무지 제 마음을 모르겠고… 심지어 미친놈 같았습니다. 그때는 제 연애 세포가 전멸하다시피 해서 제가 제 마음을 몰랐나 봅니다. 흐흑.

그렇다고 마음이 시키는 대로 연애를 시작하려니 두려움이 컸습니다. 아픈 사람들끼리 만나 봐야 서로 힘들고 상처만 줄 것 같고, 무엇보다 몸도 마음도 힘든 그녀에게 상처 주는 게 싫었습니다.

　그래서 한동안 일부러 그녀에게 차갑게 대하기도 하고 때로는 외면해 보기도 했는데, 괜히 그녀를 속상하게 하는 것 같아 그럴수록 제가 더 괴롭더군요. 그때는 왜 상처만 준다고 생각했는지…. 참 바보 같았습니다.

　어쨌든 이러다 제가 미쳐버릴 것 같아 절친한테 연애 상담을 했습니다.
　"내가 아는 여자가 있는데 자꾸 머릿속에서 지워지질 않아. 도대체 이게 뭔지 모르겠고 나도 내 맘을 모르겠다. 내가 왜 이러냐? 나 어쩌지?"
　"네가 그 여자를 좋아하는 거네. 고민하지 말고 심플하게 생각해. 뭘 그런 걸 고민하고 자빠졌냐? 하하하."
　"하지만 둘 다 투석 중이고… 연애하면 서로 힘들고 상처 줄 것 같고… (어쩌고저쩌고) …. 어쨌든 난 그녀에게 상처 주기 싫고, 상황도… 하아, 괴롭다."
　"사람이 사람을 좋아하는 게 뭐가 문제냐? 뭐가 그렇게 복잡해?"
　순간… '아, 뇌 구조가 심플한 놈한테 물어보는 게 아니었는데…' 하는 후회가 밀려왔습니다. 친구 놈은 투석을 안 하니 제 마음을 알 턱이 없겠죠.

"자, 봐봐. 아픈 거, 상처 주는 거, 현재 상황 등등 뭐 이런 거 다 빼고, 딱 네 마음만 봐. 네 마음이 정말 그녀를 좋아하는지. 그것만 잘 생각해 보라고."

"흠… 그런 것 같기도 하고 아닌 것 같기도 하고…."

"다른 거 생각하지 말라니까. 좋아해? 아니야?"

"어… 어… 좋아하는 것 같아."

"그럼 질러! 상처를 줄지 안 줄지는 아무도 몰라. 건강한 놈들도 서로 상처 주고 싸우고 하면서 연애한다고. 시작도 안 했는데 벌써부터 상처 줄 생각만 하지 말고 언제 고백할지 그거나 걱정해라. 사람이 사람을 좋아하는데 그게 죄냐? 인생 뭐 있어. 연애는 할 수 있을 때 하는 거야. 남자 새끼가 쫄지 맛! 그러고 보니 피터가 연애를 다 하네. 그런 뜻에서 이건 네가 사라. 하하하."

친구 얘기를 듣고 보니 제 마음을 스스로 외면했다는 생각이 들더군요. 친구 말대로 제가 그녀를 좋아한다는 걸 그제야 알게 되었습니다. 하지만 건강한 사람도 하기 힘든 연애를 아픈 사람끼리 한다는 게 여전히 두려움으로 남았습니다. 그렇게 고백을 해야 하나 말아야 하나 고민에 빠진 채 시간이 흘러갔습니다.

그러던 어느 날, 그녀를 알게 된 지 1년째 되던 해였습니다. 제가 실수로 그녀를 엄청 화나게 만들었고, 그날 그녀는 뒤도 안 돌아보고 쌩 가버렸습니다. 처음 본 그녀의 화난 모습에 당황해서 어찌 할 바를 모른 채 답답했습니다. 사과를 해야 하는데 메시지를 보내도 답장이 없고, 전화를 해도 받지 않고…. 도대체 어떻게 해야 할지 방법을 모르겠더군요. 그 때문에 이틀 밤을 꼬박 새웠습니다. 흐흐흑!

사흘째 되던 날, 그녀에게서 전화가 왔습니다. 반가움 반, 두려움 반으로 전화를 받았는데 뜬금없이 주말에 자전거를 가르쳐 달라고 했습니다.
 '엥? 이건 뭐지? 사과도 못 했는데 갑자기 자전거를? 화가 풀린 건가?'
 예전에 자전거 타는 법을 가르쳐 주겠다고 얘기한 적이 있긴 하지만… 왜 하필 이럴 때?

도대체 화가 풀렸는지 아닌지 알 수가 없었지만 일단 알겠다고 대답했습니다. 또 다른 고민에 휩싸였으나 '사과가 먼저다'라는 생각에 그날 밤 그녀의 집 앞으로 무작정 갔습니다.

그녀를 불러내 집 앞 공원에 앉아서 내 실수에 대한 사과를 하는데, 그 순간 그녀가 불쑥 물었습니다.

"너, 나 좋아하지? 솔직히 말해 봐."

그 얘기를 듣는 순간 그동안 꾹꾹 눌러온 제 마음이 한꺼번에 터져버렸습니다. 그때서야 제가 외면하던 마음이 확실하게 보이더군요.

"어? … 어… 좋아해."

"그런데 그동안 왜 말 안 했어?"

"그건….."

몸도 아픈데 서로 상처를 주지 않을까, 상대방이 너무나 아플 땐 어찌해야 할까, 또 내가 잘할 수 있을까 하는 두려움 등 그동안 고민하고 걱정했던 것들을 그녀에게 솔직히 털어놓았습니다. 그럼에도 불구하고 그녀를 좋아하는 마음이 더 컸다는 걸 그녀의 질문 덕에 비로소 알게 되었습니다.

알고 보니 그녀도 저를 마음에 두고 있었다고 했습니다. 그런데 제가 주위만 빙빙 돌면서 선뜻 다가서지 못하고, 또 며칠 전에는 제가 몹시 화나게 했으니… 쩝!

'몸 아픈 것도 괴로운데 이건 아니다' 싶어서 이참에 자전거를 핑계로 만나서 정리하려고 했답니다. 허걱! 제가 그날 사과하러 가지 않았다면 전 아직 솔로로 있었겠죠. 생각만 해도 식은땀이… 크크큭.

저도 궁금해서 그녀에게 '언제부터 내가 좋아하는 걸 알았느냐'고 물어봤습니다. 그녀 말로는 어느 날 수다방 멤버들과 놀러 다닌 사진들, 모임 사진들을 정리하다 보니 본인 사진 속 어딘가에 제가 꼭 찍혀 있었다고 합니다. 한마디로 제가 그녀 주위에서 계속 얼쩡거렸다는 거죠. 전 우연이라고 얘기했지만(못 믿겠지만 진짜 우연입니다!) 그래도 사진에 항상 같이 찍혀 있었던 게 그녀도 싫지는 않았답니다.

그렇게 저희는 그날로 1일이 되었고 8년 동안 연애를 했습니다. 여느 커플처럼 함께 행복한 추억을 만들며 웃고, 때론 다퉈 토라지고, 울고, 여러 번의 고비도 넘겨 가면서요.

지금 생각해 보면, 연애를 시작하기 전에 했던 고민들이 다 부질없던 것이었습니다. 제가 조금 더 일찍 용기를 냈더라면 좀 더 빨리 시작할 수도 있었겠죠.

끝으로, 연애를 한다고 해서 꼭 결혼해야 하는 건 아니지만 생각을 안 할 수는 없겠죠. 그래서 연애를 시작하는 게 더 두려웠는지도 모르겠습니다. 물론 주변의 걱정 어린 시선을 받을 수 있습니다. 그러나 그들이 우리의 삶을 대신 살아주진 않죠. 사랑하는 사람과 함께하는 데 그건 전혀 중요하지 않다고 생각합니다.

누구나 살면서 아플 수 있고, 세상에 한 번도 아프지 않은 사람은 없습니다. 다만 정도와 순서에 차이가 있을 뿐. 오히려 긴말 하지 않아도 서로를 잘 이해한다는 장점과 차이가 있습니다.

세상엔 예쁘고 세련되고 신체 건강한 남자, 여자가 너무나 많습니다. 그러나 진정 건강한 사람은 마음이 올바른 사람이 아닐까 싶습니다.

둘 다 갖춘 사람이라면 더 말할 것도 없지만, 몸은 멀쩡한데 마음에 병을 안고 살아가는 사람도 많죠. 자기에게 병이 있는지조차 모르는…. 그래서 가족 또는 애인이나 배우자를 힘들게 만드는 것이 아닌가 싶습니다.

육체의 아픔으로 스스로 또는 서로에게 선입견을 갖지

않았으면 합니다. 그리고 내가 좋아하고, 나를 좋아해 주는 사람(인연)을 만난다는 건 정말이지 흔치 않은 기회입니다. 그러니 용기 내시길 바랍니다. 지금 이 순간은 다시 돌아오지 않으니까요.

그나저나 '결혼' 편에는 무얼 쓸지, 고민 중인 피터

3.
피터의 작은 사랑 이야기2
_ 결혼

앞서 말씀드린 대로 우리 커플은 8년 동안 연애를 했습니다. 물론 연애하는 동안 중간중간 결혼 이야기가 나오긴 했지만, 그게 참 쉬운 일은 아니더군요.

'과연 투석하는 두 사람이 온전한 가정을 이룰 수 있을까?' 하는 고민부터 결혼식, 신혼집 마련, 앞으로 어떻게 살아가야 할지… 정말 하나부터 열까지 해결해야 할 문제투성이었습니다.

더군다나 우리 집은 신혼집을 마련해 줄 여력이 없었고, 제가 가진 것이라곤 그동안 모아둔 400만 원짜리 적금통장 하나뿐이었습니다. 그녀는 '그냥 이대로 연애만 해도 괜찮다'며, 솔직히 아픈 몸으로 결혼 생활을 할 자신이 없다고 하더군요.

하지만 전 그게 싫었습니다. 연애만 하다 보면 이대로 끝날 수도 있다는 불안감이 들었고, 그러다가 그녀를 그냥 보내버릴 것만 같아 정말 괴로웠습니다. 그냥 연애만 할 거라면 처음부터 시작도 안 했겠죠.

제가 그녀와 결혼을 결심한 진짜 이유는 단순히 오래 만났으니 당연히 결혼해야 한다는 마음이 아니라, 언젠가 "평범한 가정을 이루고 싶다"고 했던 그녀의 꿈을 이루어주고 싶었기 때문이었습니다. 물론 저와 결혼하면 평범한 가정을 이루기는 어렵겠지만, 그래도 그녀에게 '가정'이라는 따뜻한 울타리를 만들어주는 것은 가능했으니까요.

저는 '사랑하니까 보내준다'는 말을 제일 싫어합니다. 제가 단순한 건지 순진한 건지는 모르겠지만, 사랑한다면 최선을 다해 지켜야 하는 게 아닐까요?

'투석하면서 무슨 결혼이냐! 네 욕심 아니냐?'라고 말하는 사람들도 있을지 모릅니다. 하지만 주위에서 뭐라고 하든 상관없었습니다. 그녀가 웃을 수만 있다면 뭐든 다 할 거라고 마음먹었습니다.

그렇게 몇 년에 걸쳐 고민한 끝에 결혼을 결심했고, 장기 결혼 프로젝트를 실행에 옮기기 시작했습니다.

• 여친 마음 돌리기

결혼에 대한 생각이 반반이던 그녀에게 연애 후반에는 일부러 결혼 이야기를 많이 꺼냈습니다. 결혼에 대한 제 마음을 솔직하게 있는 그대로 전했고 결혼에 대해 많은 대화를 나눴습니다.

더불어 "결혼 박람회"도 함께 가보고요. (참고로, 이런 곳에 가면 특혜나 선물 같은 거 많이 챙겨줍니다.) 결혼 예비학교, 부부 대화법 강의 등 관련 세미나와 교육도 일부러 찾아서 같이 들었습니다. 덕분에 저와 그녀 모두 많은 것을 배울 수 있었고, 그녀의 마음도 점점 열리는 것 같았습니다.

• 피터 갱생하기

연애를 하다 보면 상대방에게 불만이나 서운함이 생기게 마련이죠. 물론 그녀도 저에게 불만스러운 점이 있었고, 전 그런 점들을 고치기 위해 무진장 노력했습니다. 저의 문제를 알기 위해 직접 심리 상담도 받고 연애 관련 서적도 많이 읽었습니다. 물론 연애는 글로 하는 게 아니라고 하지만 때로는 실전을 위해 이론이 필요할 때가 있더군요. 하하하.

또한 연애 초반부터 서로 존댓말은 못 해도 "야!", "너!"라는 말은 절대 쓰지 않기로 했습니다. 왠지 상대를 하대하는 느낌이 들어서요. 상대방을 하대하지 않는 것부터가 존중의 시작이 아닐까 생각합니다.

• **신혼집 구하기**

아, 이건 정말 로또가 아닌 이상 제 힘으로는 도저히 안 되겠더군요. 제 능력으로는 최대한 대출을 받아도 서울에서 전셋집 구하기가 어렵고, 아무리 머리를 쥐어짜면서 고민해도 별다른 방법이 없었습니다. 하지만 그것보다 더 큰 난관이 있었으니….

• **어머니 설득하기**

드디어 최종 보스(?)까지 왔습니다. 바로 제 어머니!
다행히 예비 장인어른과 장모님께서는 저를 좋게 봐

주셨고, 그녀의 선택을 믿고 응원해 주셨습니다. 물론 처음엔 저희 커플에 대해 걱정도 많으셨지만 8년 동안 변치 않은 저의 모습을 보고 마음의 결정을 하셨죠.

하지만 제 어머니는 좀 다르셨습니다. 어릴 적부터 귀에 딱지가 앉을 만큼 듣던 말 중 하나가 "남자는 책!임!감! 한 가정을 책임질 능력이 없으면 '결혼'은 생각도 마라!"였습니다. 만약 제가 '결혼' 말을 꺼내면, 안 봐도 비디오겠지만, 혹시나 하는 마음에 넌지시 결혼 얘기를 꺼내자 아니나 다를까 어머니는….

"너 하나도 책임지지 못하면서 무슨 결혼이냐? 남의 집 귀한 딸 데려다가 무슨 고생을 시키려고? 나도 너한테 질렸구먼, 쯧!"

아, 역시나 어머니를 설득하려면 대충 말로는 안 되겠구나 싶었습니다. 일단 후퇴.

그 후 결혼하면 어떻게 살아갈 것인지, 그동안 그녀와 나눴던 대화들과 제가 생각한 것들을 정리해서 파워포인트로 자료까지 만들어 어머니를 앉혀 놓고 설득에 설득을 했습니다. (이런 일로 프레젠테이션까지 하게 될 줄이야… 에휴….)

어머니께서도 '그냥 연애만 하면 안 되겠냐', '결혼식은 어떻게 할 거냐', '둘 다 투석하면서 병원비는 어떻게 감당할 거냐' 등등 여러 가지로 공격하셨지만, 이미 예상했던 질문들이라 전 거침없이 방어를 했습니다. 그러나 어머니의 마지막 결정타에 허무하게 무너지고 말았습니다.

"집은? 느네들 살 집은 있냐?"

아, 역시나 집이 문제였습니다. 이렇게 마지막 보스(?)에게 패배하나 싶을 때 갑자기 오기가 생기더군요.

솔직히 아픈 와중에도 지금껏 열심히 살아왔습니다. 결혼을 한다면 걱정은 하시겠지만 그래도 대견하게 여기실 거라 생각했는데, 이 정도로 부정적이실 줄은 정말 몰랐습니다. 저 또한 욱하는 마음에 어머니께 통보 아닌 통보를 했습니다.

"살 집만 생기면 결혼할 테니 그리 알고 계세요."

(여기서 로또 얘기까지 꺼냈다간 제 등짝이 남아나지 않을 것 같아서 패스!)

그렇게 시간이 흐르고 신혼집에 대한 고민을 계속하던 어느 날, 여친이 임대아파트에 대해 관심을 갖기 시작했습니다. 몇몇 카페 회원님이 살고 있던 임대아파트에 함께 놀러가 보니 생각보다 괜찮더군요.

당시 여친은 독립해서 작은 단칸방에 살고 있었습니다. 여름엔 물바다로, 겨울엔 냉동고로, 거기다 비염에 아토피까지 달고 살게 만드는, 변신에 변신을 거듭하는 최첨단(?) 너무해 하우스였죠. 하하하.

그런 집에서 계속 사는 게 힘이 들었는지 여친이 조심스럽게 말을 꺼냈습니다.

"나도 임대아파트 신청해 볼까?"

"그거 당첨되기 엄청 어렵다던데. 난 자격이 안 돼서 신청도 못 해. 쳇!"

"난 되잖아. 한번 시험 삼아 신청해 보자. 떨어져도 한번 해보면 나중에 또 신청할 때 잘할 수 있지. 한 번도 안 해봤잖아."

"그래. 한번 해보지 뭐. 일단 공고 나온 거 찾아볼게."

그렇게 저는 LH공사니, SH공사니 다 뒤져서 공고문과 임대아파트 리스트를 뽑아보고, 그녀와 고민 끝에 한 임대아파트를 선택해서 신청서를 넣었습니다.

솔직히 저는 안 될 거라고 생각해서 신청한 것도 잊고

있었는데, 어느 날 여친에게서 전화가 왔습니다.

"자갸, 나 됐대!"

"응? 뭐가 돼? 무슨 일 있어?"

"아니이! 바부얏, 우리가 신청한 임대아파트 됐다고."

"임대아파트? 아, 그때 신청한 거? 진짜야? 정말?"

"응, 그렇대도!"

이렇게 임대아파트가 한 방에 당첨될 거라고는 꿈에도 생각하지 못했습니다. 이럴 줄 알았으면 로또도 해볼 걸 그랬네요. 크크큭. 드디어 저희에게도 집이 생겼습니다! 물론 SH공사 거지만, 그래도 10년간은 저희가 살 수 있는 집이 생긴 것에 감사하며 그녀와 저는 뛸 듯이 기뻐했습니다.

그녀의 단칸방 보증금과 제가 일부 대출받은 돈을 합쳐 임대아파트 보증금을 넣었고, 하나뿐인 적금을 깨서 그 돈으로 혼수를 마련했습니다.

집은 아내가, 혼수는 남편이, 역시나 시작부터 평범하지 않은 부부네요. 크크큭.

제 어머니께서는 집까지 생긴 마당에… "그래, 이왕 같이 사는 거 짜이(여친 닉네임)에게 잘해 주고 행복하게 잘 살아라" 하며 결혼을 허락해 주셨습니다.

  그렇게 2015년 7월부터 저희는 둘만의 작은 울타리를 만들고 신혼 생활을 시작했습니다.

  이제 집도 생겼으니, 마지막으로 남은 과제는 바로 결혼식! 저는 번갯불에 콩 볶아 먹듯 결혼식을 해치우는 그런 일반적인 결혼식이 아니라, 정말 축하받는 결혼식을 하고 싶었습니다.

  또다시 고민에 빠졌는데(피터, 고민만 무지하게 하네요. 정말 결혼은 쉬운 게 아닙니다. 흑흑!), 저희 커플의 처음부터 과정을 다 아시는 카페 소모임의 지인께서 감사하게도 몇몇 분들과 뜻을 모아 결혼식을 준비해 주셨습니다. 작은 카페를 빌려 웨딩 분위기로 꾸미고 간단한 음식까지 준비해 주셨습니다. 지금 생각해도 그분들께 감사하다는 말밖에는 고마움을 전할 길이 없네요.

  그리고 직계가족과 아끼는 지인들만 초대해 스몰 웨딩 형식으로 결혼식을 올렸습니다. 우리 커플이 준비한 것은 신랑의 캐주얼 정장과 신부의 미니드레스, 하객을 위한 작은 이벤트 선물, 그리고 약간의 음식 비용을 보태는 게 전부였습니다.

축의금은 받지 않기로 했지만 축의금 대신 뭔가를 해주고 싶다는 분들께는 살림살이를 조금씩 찬조 받았고, 굳이 축의금을 주시는 분들에게는 못 이기는 척 받기도 했습니다.

결혼식을 무사히 마치고, 하객들로부터 "예쁜 결혼식이었다"는 칭찬을 많이 들었습니다. 저희는 그만큼 예쁘게 알콩달콩 잘 살아야겠다고 다짐하며 제주도로 3박 4일 동안 신혼여행을 떠났습니다. 신혼여행 중 하루는 나란히 누워 투석도 하고 말이죠. 하하하. 투석하는 시간이 아깝긴 했지만 저희는 그것마저도 즐거웠습니다.

그 후로부터 10년, 이제는 '그녀'가 아닌 '마눌님'과 때로는 즐겁게, 때로는 아웅다웅하며 행복하게 잘 살고 있습니다. 아내는 신혼 초에 신장 이식도 받았고요.

우여곡절 끝에 결혼을 하긴 했으나, 결혼이란 게 하기 전에도 여러 가지 난관이 많고, 하고 나서도 이것저것 문제들이 참 많습니다. 더군다나 몸이 아픈 저희 부부는 문제가 닥칠 때마다 '잘 헤쳐나갈 수 있을까?' 하는 걱정과 의문이 많이 들었습니다. 그때마다 결혼 전에 교육받았던 것들이 이러한 문제들을 헤쳐나가는 데 꽤 도움이 되었습니다.

저희는 여느 연인 또는 부부처럼, 상대에게 너무 많은 것을 바라지 않기로 했습니다. 그저 '각자 스스로 자기 관리를 잘하는 것!' 그것이 서로를 위한 일이고, 거기에서 조금 남는 에너지가 있다면 서로를 위해 쓰기에도 빠듯합니다.

그리고 상대방의 부모나 형제에게 너무 잘하려고 애쓰지 않기로 했습니다. 기본적인 도리라는 것도 각자 생각이 다를 수 있기에, 기대가 낮고 에너지를 덜 쓰는 사람에게 기준을 맞추기로 했습니다. 오버해서 잘하는 것보다는 서로 힘들지 않아야 하고 무엇보다 상대방의 행복이 더 중요하니까요. 심플하게 살기로 했습니다. 복잡하게 생각하면 정말 한도 끝도 없겠죠.

투석하는 와중에도 저는 운 좋게 연애와 결혼을 할 수 있었습니다. 어찌 보면 제 인생이 순탄하게 흘러가는 것처럼 보일 수도 있겠지만, 사실 이 점에 대해 다 쓰지 못한 비하인드 스토리가 정말 많습니다.

결혼은 장난이 아니라고 하던데 그 말이 100퍼센트 맞는 것 같습니다. 장난이 아니기에 더욱더 '결혼식'이 아닌, '결혼'에 대한 준비가 필요합니다. 누군가 그러더군요. 나만의 시간을 상대방에게 기꺼이 내어줄 수 있을 때 결혼하는 거라고.

결혼 생활을 하면서 제가 느꼈던 것들을 적어보는 동안 다시금 저를 돌아볼 수 있었고 추억도 새록새록 떠올랐습니다. 아직도 갈 길은 멀지만 왠지 조금은 성장한 것 같은 느낌에 혼자 웃어봅니다. 하하하.

제 이야기에 너무 많은 의미를 두지는 마세요. 그냥 '그동안 피터가 이렇게 살았구나' 하면서 기분 좋게 미소 짓는 시간이 되었으면 좋겠습니다. 그리고 사랑 때문에 고민하고 계신 분들께 저의 이야기가 작은 위로와 공감이 된다면 그것만으로도 충분합니다.

지금까지 피터의 러브스토리였습니다. (많이 쑥스럽네요… 하하하.)

매일 마눌님께 "자갸, 행복하지?"라며 세뇌 당하고 있는 피터

> 수술 이야기, 하나

그해, 아내가 이식하던 날

• **한 통의 전화가 가져온 희망과 불안**

2016년 9월, 추석 연휴가 시작되기 전날이었습니다. 저희가 2015년 겨울에 결혼을 했으니 아직 1년도 안 된 따끈따끈한 새내기 부부였죠. 뭐, 지금도 신혼이라고 저 혼자 우기고 있지만요. 하하하.

어쨌든 내일부터 시작되는 추석 연휴를 보람차게 보내기 위해 기분 좋게 잠자리에 들려던 그때, 갑자기 아내의 휴대전화 벨 소리가 울렸습니다. 발신자를 보니 낯선 번호더군요. 새벽 1시인데, 이 시간에 웬 전화? '와, 요즘 보이스피싱은 밤낮을 안 가리고 열심히 일하는구나!' 감탄하며 아내가 전화받는 모습을 무심히 보고 있었죠.

그런데 아내의 표정이 갑자기 심각해졌습니다. 옆에서 내용을 들어보니 병원에서 걸려온 전화 같았습니다. 다행히 보이스피싱이 아니었네요. 보이스피싱이었으면 "늦은 밤, 수고 많으십니다" 하고 바로 끊었을 텐데 말이죠. 크크크.

잠시 후 아내는 "조금 있다가 다시 전화하겠습니다"라고 말한 뒤 전화를 끊었습니다.

"자갸, 장기이식센터 코디네이터 전화인데… 뇌사자 생겼다고 이식하러 들어오래."

"으잉? 이식? 갑자기? 지금?"

분명 듣던 중 반가운 소식이긴 한데, 너무 갑작스러워서 아내에게 무슨 말부터 해야 할지 모르겠더군요. 뇌사자 이식 신청하신 분들은 항상 '5분 대기조'로 준비하고 있어야 합니다. 언제, 어느 때 느닷없이 연락이 올지 모르니까요. 하지만 그렇다고 해서 하루하루를 5분 대기조처럼 살 수는 없겠지요. 에휴!

정신을 차리고 제일 중요한 것부터 다급하게 물어봤습니다.

"조직은 몇 개나 맞는대?"

(이식 준비하는 분들은 이 질문이 무슨 뜻인지 잘 아실 겁니다.)

"네 개."

"뭐라고, 네 개나? 뭐 해, 짐 싸! 얼른 병원에 가자!"

그렇습니다. 뇌사자 신장 조직이 아내와 네 개나 일치했습니다. 참고로, 이식할 때 신장 조직은 총 일곱 개를 보는데, 생판 모르는 사람과는 한두 개 정도만 맞는다고 합니다.

급하게 병원 갈 준비를 하려는데, 아내가 제 손을 잡고 떨리는 목소리로 말하더군요.

"내일 아침 일찍 오래. 오전에 이것저것 검사하고 오후에 수술 들어간대."

"아, 지금 말고 내일? 어, 알았어. 진짜 잘됐다. 10년 넘게 기다렸는데…."

아내는 혈액형이 O형이라서 뇌사자 이식의 기회가 다른 혈액형보다 적은데, 이렇게 조직이 잘 맞는 뇌사자가 나타날 줄은 생각지도 못했습니다. 그런데 너무 갑작스런 탓인지 아내가 수술을 무서워했습니다.

"근데… 진짜 해? 무서운데…."

"당근 빠따지! 조직이 네 개나 맞는다는 건, 하나님이 보우하사 우리나라 만세야!"

지금 생각해 보면, 그때 뇌사자께는 정말 죄송합니다. 그렇지만 10년 만에 이식 연락이 온 데다가 조직이 네 개나 맞는다는 소식에 다른 생각은 못 하고 그저 기쁘기만 했습니다. 지금이라도 이 자리를 빌려 그분의 명복을 빕니다.

아내가 큰 수술을 앞두고 있다는 불안함 반, 왠지 모를 기대감 반으로 결국 저희 둘 다 제대로 잠을 못 잤습니다.

• 신장 이식 수술

추석 연휴 아침 일찍, 정신이 없는 상태에서 아내와 함께 병원으로 갔습니다. 입원 수속을 마치고 2인실을 배정받은 뒤 곧바로 수많은 검사에 들어갔습니다. 이거, 수술하기도 전에 지치겠네요. 쯧!

그런데 말입니다… 수술은 저녁 아홉 시쯤으로 예정되어 있었는데 그날이 하필 제가 투석하는 날이라, 아내에게 '수술 잘하고 나오라'는 말도 못 전할 것 같았습니다. 젠장!

오후에 장모님께서 오셨지만, 큰 수술을 앞둔 아내를 두고 투석을 하러 가려니 발이 안 떨어지더군요. 그날만큼은 투석하는 제 자신이 너무나 밉고도 미웠습니다. (이런 십장생 조카 크레파스 18색 투석 같으니!)

하지만 이식 수술 후 아내를 간병하려면 차라리 얼른 투석을 마치고 오는 게 낫겠다 싶어서, 결국 아내를 장모님께 맡기고 저는 투석 병원으로 달려갔습니다. 이럴 때 같은 병원이라면 얼마나 좋을까요. 에혀!

투석을 시작하면 바로 꿈나라로 고고씽 하는데, 그날만큼은 투석하는 시간이 왜 그리 길게 느껴지던지. 전날 밤 한숨도 못 잤는데 투석 중에도 잠이 오질 않더군요. 지금 당장 제가 할 수 있는 일은 아내의 수술이 무사히 끝나길 기도하는 것뿐이었습니다. 남편이라는 사람이 해줄 수 있는 게 기도밖에 없다니….

(이래서 '남의 편'이라고 하는 걸까요? 흐흐흑!)

저녁 아홉 시가 넘어서, 아내에게서 수술실 들어간다는 연락을 받았습니다. 저는 그저, 잘하고 나오라고, 건강한 모습으로 이따가 보자는 말밖에 못 했습니다. 투석하는 침대에 누워서 말이죠.
(에이, 눈에서 물은 왜 차오르고 난리야, 쯧!)

투석이 어떻게 끝났는지도 모르겠고, 아내가 수술받는 병원까지 다시 어떻게 갔는지도 모르겠습니다. 정신없이 수술 대기실로 달려가니, 장모님께서 아내가 수술실에 잘 들어갔다고 말씀해 주셨습니다. 큰 수술을 앞둔 아내 곁을 지키지 못해 미안한 마음만 가득했습니다.

수술 현황판을 보니 아내 이름 옆에는 아직 '수술 대기 중'이라고 떠있었습니다. 눈물을 훔치시는 장모님께 "아직 수술 전인데 힘드실 테니 좀 쉬었다가 오세요" 하고 집으로 보내드렸습니다. 그리고 저는 수술 대기실에서 조마조마한 마음으로 수술 현황판만 바라보고 있었습니다.

밤 열한 시. 드디어 '수술 중' 현황판에 아내 이름이 떴습니다. 순간 심장이 덜컥 내려앉더군요. 혹시 이게 마지막이면 전 어떻게 하죠? 아내 얼굴도 못 봤는데…. 요즘 이식 수술은 어렵지 않다지만, 그때는 왜 그렇게 불안하고 겁이 났는지….

아내가 건강하게만 돌아온다면, 아내의 말을 하늘의 뜻으로 알고 무조건 충성하겠다고, 그러니 제발… 제발… 이식 수술만 잘되게 해달라고 기도하고 또 기도했습니다.

얼마나 지났을까…. 병실에서 저도 모르게 깜빡 잠이 들었는데 간호사가 깨우더군요.

"아내분 수술이 잘 끝났다고 합니다."

'만세! 하나님, 정말 감사합니다!' 속으로 외치며 회복실로 정신없이 뛰어갔습니다. 잠이 덜 깨서 그런지 다리가 풀려 뛰어가다 자빠졌지만, 아픈 것도 모르겠고 창피한 것도 모르겠더군요. 그때가 새벽 두 시가 넘은 시간이어서 다행히 지나다니는 사람이 아무도 없었습니다.

• 회복

회복실에서 퉁퉁 부은 아내를 보니 괜히 미안하고 또 울컥했습니다. 하지만 아내 앞에서 약한 모습 보이며 울 순 없죠. (이씨, 울지 마. 뚝!)

"괜찮아? 수술 잘됐대. 이제 괜찮아질 거야."

"아… 포… 흐흑…."

아직 마취가 덜 깨서 그런지, 아내가 초점을 제대로 맞추지 못하고 뭔가 말을 하려는데 제대로 하지 못하더군요. 다시 진통제를 맞고 잠드는 아내를 뒤로한 채 전 쫓겨났습니다. 회복실에서는 10분 이상 면회 금지라네요. 쳇!

그리고 수술 담당샘에게 수술 경과 설명을 들었습니다.

"환자분 체격이 아담한 편인데 뇌사자분의 신장 크기가 커서 이식하는 데 좀 어려움이 있었습니다. 그래도 수술은 잘됐습니다. 신장이 크다 보니 초반에는 환자분이 좀 힘들어할 수도 있지만 적응하면 오히려 더 좋을 겁니다. 하하하."

자신감 넘치는 의사샘의 말씀에 안심이 됐습니다. 그런데 나중에 알고 보니 뇌사자분과 아내의 몸무게 차이가 두 배 이상이더군요. 너무 큰 게 아닌가 싶기도 하고…. (서장훈과 이수근 급?) 하지만 의사샘이 크면 더 좋다고 하니, 그런가 보다 했습니다.

하루가 지나고 아내는 일반 병실로 올라왔습니다. 아직도 얼굴이 퉁퉁 부어 있고 신장이 커서 그런지 숨 쉬는 것조차 힘들어하더군요. 불안한 마음에 다시 의사샘을 불렀는데, 진료를 하면서 의사샘이 중얼거리는 말을 듣고 말았습니다.

"흠… 너무 컸나?"

(아악! 왓 더 F******! 뭐라고라? 이제 와서 우짜고 우째? 큰 게 좋다매!? 큰 게!)

곧 괜찮아질 거라며 돌아가는 의사샘 뒤통수를 확 후려치고 싶은 걸 꾹 누르고, 걱정스러운 마음으로 아내를 간병하는데… 아! 또 하나의 시련이….

며칠 동안 잠을 제대로 자지 못한 데다 아내의 수술이 잘됐다는 말에 긴장이 풀려서인지, 덜컥 감기에 걸리고 말았습니다. 누가 걸렸냐고요? 접니다, 저요! 엉엉엉.

아내 간병할 사람도 없는데 남편이라는 놈은 이 와중에 감기까지 걸리고 말았으니!

이놈의 감기는 왜 꼭 이렇게 중요한 때에 찾아오고 난리일까요? 게다가 장모님도, 제 어머니도 일을 하시는 중이라 평일에 아내를 간병할 사람이 저밖에 없었습니다. 흐흐흑!

일단 주말 이틀 동안 장모님께 아내를 맡기고 저는 집에서 감기에 좋다는 음식과 약을 있는 대로 다 쳐(?)먹었습니다. 뜨거운 꿀물 원샷하다가 혓바닥이 홀라당 데일 뻔하고 도라지, 생강, 배 등등 투석 환자에게 안 좋은 건 죄다 먹었죠. 지금 투석이 문제겠습니까? (감기야, 니 죽고 나 좀 살자!)

그 덕분인지 주말이 지나면서 감기 기운은 조금 가셨지만 몸 상태는 좀비가 된 느낌이었습니다. 그 몸을 이끌고 병원으로 가서 병실 앞에 있는 소독약으로 온몸을 샤워하고, 수술용 장갑과 마스크로 단단히 무장한 채 병실로 들어갔습니다.

그리곤 아내에게 가까이 가지도 못한 채 2미터 이상 멀찌감치 떨어져 구석에 짱박혀 있었습니다. 아내에게 필요한 게 있으면 최소한의 접촉만 하려고 팔을 최대한 뻗어 손가락 끝으로 살짝 건네주고, 건네주자마자 소독약으로 다시 소독하고….

아, 눈물 없이는 볼 수 없는 감동의 간병이었으나, 아내는 걱정거리에 스트레스만 주고 있다며 폭풍 잔소리를 했습니다. (제가 하는 일이 다 그렇습니다. 그래요. 엉엉엉!)

어쨌든 아내는 걱정스러운 좀비 남편의 간병에도 아무 탈없이 (물론 중간중간 고비가 있었지만) 식사도 잘하고 걷기 운동도 하면서 조금씩 회복해 나갔습니다. 다만 큰 신장 때문에 배가 부른 건 어쩔 수가 없었습니다.

수술한 지 4주 뒤 드디어 아내가 퇴원했습니다. 물론 앞으로가 더 문제였지만, 이제 건강해질 일만 남았다고 생각하기로 했습니다. 결국 '신장 이식'은 끝이 아니라 또 다른 시작이기 때문에 조심 또 조심해야 합니다.

그 후 세 달간은 아내와 따로 자고, 반찬도 따로 먹고, 저 또한 집에서 마스크를 쓰고 지냈습니다. 회사에 갔다가 돌아오면 현관에서 소독약으로 샤워를 하고 들어갔고, 함께 지내던 멍멍이도 장모님 댁으로 당분간 귀양(?) 보냈죠. 소중한 이식 신장을 잘 모시고자 갖은 노력을 다했습니다. 물론 뽀뽀 금지와 1미터 내 접근 금지도 포함이고요. 한동안 외로운 홀아비 신세, 허벅지를 찔러가며 참았습니다. 흐흑.

3개월이 지나고, 제가 감기가 다 나았다고 큰소리치면서(그 와중에도 코는 계속 훌쩍훌쩍. 으이구!) "이제 같은 방에서 자면 안 될까?" 하고 물었습니다. 그리고 코 훌쩍이는 좀비 남편을 의심스런 눈초리로 바라보는 아내에게 "의사샘한테 한번 물어봐"

라고 했죠.

진료 받는 날, 아내는 정말로 의사샘에게 이렇게 물었다고 합니다.

"이제 남편하고 같이 자도 돼요?"

(그렇다고 진짜 물어볼 줄은… 하하하.)

물론 아내의 질문은 순수하게 '같은 방을 써도 되느냐'는 뜻이었는데(제 글은 전체 관람가입니다. 절대 19금 얘기가 아니니 오해하지 마세요) 의사샘이 당황하다 빵 터졌다더라고요.

"예? 아, 그… 그러세요…. 하하하."

아내는 '그런 뜻이 아니었는데 돌아오면서 생각해 보니 너무 창피했다'면서 괜히 저한테 화풀이를 했습니다.

"몰라, 자기가 물어보라매!"

저는 단!연!코! 그런 말을 한 적이 없… 지… 않… 지… 않… 나? 뭐… 그렇습니다. 쿨럭! 흠, 이미 제 기억은 안드로메다로… 크크큭.

이제는 아내가 이식한 지도 9년 차입니다. 이후 신장 기능 수치인 크레아틴도 양호하고 면역억제제 부작용 외에는 그럭저럭 잘 지내고 있습니다. 귀양 갔던 멍멍이도 다시 돌아왔고요. 물론 멍멍이랑 같이 자는 건 지금도 말리지만요.

마지막으로, 제 아내에게 이식 신장을 주고 떠나신 이름 모를 뇌사자님께 정말정말 감사드립니다. 앞으로 보답하는 마음으로 열심히 살겠습니다. 나중에, 아주 나중에 천국에서 만나게 되면 큰절 한번 올리겠습니다. 그때까지 이식 신장은 소중히 아끼며 잘 쓰겠습니다. 감사합니다.

이젠 아내 말에 뺀질거리는 불량 남편 피터

수납 창구로 가서 계산을 하는데,
영수증을 볼 때마다 매번 한숨이 나왔습니다.
하지만 어쩌겠습니까.
이걸로 내일까지 살 수 있는 시간을 벌었으니,
그것만으로도 감사한 거죠.
'그래, 아직 나에겐 내일이라는 게 존재한다!'

병원 밖으로 나서니 상쾌한 공기와 함께
햇살이 따뜻하게 내리쬐고 있었습니다.
크게 숨 한 번 들이마시고,
'나에게 또다시 주어진 내일'을 향해 앞으로!

제 2 장

꿀통 피터의 슬기로운 병원 생활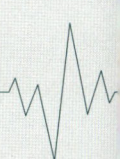

1.
황당한 수술실 에피소드

고등학교 시절, 당시 학교생활을 하기 위해, 혈액투석보다는 장소나 시간적으로 좀 더 자유로운 복막투석을 선택했습니다. 다만 2리터나 되는 투석액을 복막에 항상 채우고 다녀야 하는 게 문제라면 문제였습니다.

어느 날 체육 시간에 두 편으로 반을 나눠 신나게 축구를 했습니다. 저 또한 출렁거리는 배를 부여잡고 열심히 뛰어다녔죠. 아프다고 벤치에 앉아 친구들이 뛰어노는 걸 바라보며 혼자 외톨이가 되는 기분은 정말이지 싫었습니다. 그래서 아픈 와중에도 일부러 남들 하는 건 다 하면서 살았습니다. 덕분에 의사한테 욕은 많이 먹었죠. 하하하.

그렇게 신나게 축구를 하다가, 그날 재수가 없었는지, 배에 돌출된 투석 카테터 부위를 축구공에 정통으로 맞았습니다. 당시에는 몰랐는데, 나중에 교실에서 체육복을 벗어보니 그 부위에서 피가 나더군요. 이런 젠장!

그 길로 다니던 병원 응급실로 뛰어갔습니다. 의사가 보더니 카테터가 빠지기 직전이라며 수술해야 한다고 했습니다. 부분 마취로 하는 간단한 수술이라니 일단 안심. 휴! 그날 바로 입원하고 다음 날 수술실로 들어갔습니다.

사건은 여기서부터 시작됩니다.

가끔 부분 마취로 간단한 수술을 할 때 환자의 긴장을 풀어주기 위해 수술 준비 중에 음악을 틉니다. 보통은 조용하고 평화로운 클래식 음악이 나오죠.

수술실에서 잔뜩 긴장하고 있는데, 수술 준비를 하던 의사가 묻더군요.

"음악 틀어드릴까요?"

"네."

저도 긴장을 좀 풀고 싶었고 이왕이면 조용한 음악이 나와 빨리 잠들어 버리길 바랐습니다.

이윽고 흘러나오는 뮤직! 갑자기 강한 비트가 이어지더니… 이건… 이건… 이건….

"됐어(됐어) 이제 됐어(됐어)
이제 그런 가르침은 됐어."

서태지의 교!실!이!데!아!

의사는 제 배에 소독약을 바르면서 신나게 노래를 따라 부르기 시작했습니다.

"그걸로 족해(족해) 이젠 족해(족해)
내 사투로 내가 늘어놓을래."

아놔, 이게 무슨 황당무계한 상황인지! 서태지 음악을 들으면서 소독 받는 기분이라니… 흐흑!

눈치 없는 의사는 "노래 좋죠?" 하면서 "이제 그런 가르침은 됐어!" (흥얼흥얼…)

아아악! 그 뒤로 한동안 서태지가 싫어졌다는 슬픈 전설이….

간단한 수술이라 이틀 뒤 퇴원, 열흘 뒤 실밥을 뽑고 또 축구를 했습니다. 대신 배를 손으로 감싸 안고 말이죠. 처음에는 말리던 친구들이 나중에는 그러더군요.

"미친 놈!"

헐헐헐….

한때 박지성의 뒤꿈치를 꿈꾸던 피터

2.
신장병과 투석
_ 초보 환자 탈출기

이제 막 신장병 진단을 받고 투병을 시작하는 분들이라면, 앞으로 어떻게 해야 할지 참 막막하실 겁니다. 그래서 제 투병 생활 경험과 주위 환우들로부터 가장 많이 들었던 질문들을 정리해 보았습니다.

제 글이 조금이라도 도움이 되었으면 좋겠습니다.

단, 이 글은 제 경험을 바탕으로 한 매우 주관적인 내용입니다. 모든 환자에게 똑같이 적용되지 않을 수 있으니 참고만 하시길 바랍니다.

- **난 아무렇지도 않은데 신장병이라니!**

 신장은 상태가 나빠져도 초기에는 몸에 별다른 증상이 나타나지 않습니다. 피곤함 정도의 증상만 있어서 대부분 '요즘 좀 무리했나 보다' 하고 넘어가기 쉽습니다. 게다가 신장은 한 번 나빠지기 시작하면 정상으로 돌아가기가 매우 어려운 장기입니다.

 신장이 50퍼센트 이상 망가지고 나서야 피로감이 심해지고 몸이 붓는 등의 증상이 나타납니다. 드물게 혈뇨가 나오거나 옆구리가 아픈 경우도 있지만, 저의 경우는 투석 전까지 눈만 좀 붓는 정도였습니다.

 자도 자도 피곤하고, 몸이 많이 부어 무겁고, 숨이 차는 등 컨디션이 많이 떨어진다면 이미 투석이 필요한 상태일 가능성이 큽니다. 병원에서 신장에 이상이 있다고 하면 의사의 말을 잘 따르고, 식이요법을 철저히 지켜야 투석 시점을 최대한 늦출 수 있습니다.

 안타깝게도 맛있는 음식들은 대부분 신장에 해롭습니다. 특히 짜고 자극적인 음식이 많은 우리나라에서는 더욱 그렇습니다.

하지만 식이요법도 신장이 망가지는 속도를 늦출 뿐 진행을 완전히 막지는 못합니다. "차라리 그냥 마음대로 먹고 투석할래!" 하는 분들도 있지만, 투석을 시작하면 더 혹독한 식이요법이 기다리고 있습니다. 선택은 자유지만, 앞으로 평생 식이요법을 해야 하는 건 변함이 없습니다.

• 민간요법으로 신장병이 나았다고 하던데, 나도 해볼까?

만약 민간요법으로 신장병이 완치된다면 그 방법을 발견한 사람은 노벨의학상을 받을 테고 전 세계 투석 병원은 다 망할 겁니다. 오히려 의사 말을 안 듣고 민간요법을 시도했다가 저승사자와 친구 먹은 사례를 더 많이 봤습니다.

특히 한약! 한약을 먹고 신장병이 나았다고 주장하며 다른 환자에게 권하는 분들이 있는데, 신장병 환자에게 한약은 독과 같습니다. 노폐물이 많이 생겨 신장에 엄청난 부담을 주기 때문에 오히려 투석 시기를 앞당길 수도 있습니다.

저도 신장에 좋다는 말을 듣고 한약을 먹다가 3년 만

에 투석을 시작한 케이스입니다. (당시 한의사가 "백 퍼센트 낫는다"라고 장담했죠. 빌어먹을!)

다른 민간요법들도 마찬가지입니다. 본인이 직접 겪어 보지도 않고 '이렇게 하면 낫는다더라', '저렇게 하면 낫는다더라' 하며, 안 그래도 힘든 환자에게 자꾸 권하는 경우가 많은데, 그냥 한 귀로 듣고 한 귀로 흘리세요. 몸에 좋다는 음식들은 대부분 신장에 부담만 줄 뿐입니다. 마치 힘들어서 씩씩대는 근로자에게 '일하면 낫는다'면서 더 일을 시키는 꼴이죠.

- **신장병에 걸리면 죽나요?**

정확히 말하자면, 신장병 자체로 죽지는 않습니다. 하지만 신장이 망가지면 그로 인해 다른 장기들이 영향을 받고, 그 장기들에 생긴 문제 때문에 생명이 위험해질 수 있습니다. 결국 투석을 받지 않으면 서서히 고통스럽게 세상을 떠나게 됩니다.

신장은 혈액 속 노폐물을 걸러내는 기능을 합니다. 이 기능이 망가지면 노폐물이 가득한 혈액이 온몸을 돌면서 다른 장기들을 손상시키죠. 우리 몸에 혈액이 안 가는 곳은 없으니 머리끝부터 발끝까지 영향을 받습니다.

가장 먼저 타격을 받는 장기가 심장입니다. 하필이면 생명과 직결되는 장기라 더욱 위험하죠. 그래서 투석을 통해 혈액을 깨끗하게 걸러내어 다른 장기에 미치는 영향을 줄이는 것입니다. 문제는 이식을 하지 않는 한, 현재로서는 투석 외에 신장 기능을 대신할 방법이 없다는 점입니다. 결국 평생 투석을 하며 살아야 하는 것이죠.

• **혈액투석이 좋을까요, 복막투석이 좋을까요?**

환자의 상태에 따라 다릅니다. 선택할 수 있는 상황이라면 그나마 다행인 편이죠. 두 투석법 모두 장단점이 있지만, 제가 해본 바로는 스스로 관리가 어렵다면 혈액투석을, 관리를 잘할 수 있다면 복막투석을 선택하는 것이 나은 것 같습니다.

혈액투석은 일주일에 세 번 병원에 가서 네 시간씩 투석을 해야 합니다. 의료진이 투석을 관리해 주기 때문에 오히려 환자 입장에서는 편할 수도 있습니다. 단점은 매번 두꺼운 바늘로 혈관을 찔러야 한다는 것입니다.

복막투석은 집에서 하루 네 번 약 40~50분씩, 또는 하루 한 번 잠자는 사이 여덟 시간 동안 환자가 직접 투석을 해야 합니다. 모든 관리는 환자 또는 보호자가 직접 해야 하므로 부담이 될 수 있죠. 하지만 병원을 매번 가지 않아도 되고, 기계를 이용하는 경우 자는 동안 투석이 이루어지기 때문에 혈액투석보다는 시간적 여유가 있습니다. 다만 복막투석 환자는 감염 위험이 높아 목욕탕이나 수영장 같은 곳은 꿈도 꾸지 말아야 합니다.

둘 다 가능한 상태라면 생활 패턴이나 직장 유무에 따라 결정하시면 됩니다. 요즘은 혈액투석도 야간에 하는 병원이 늘어 퇴근 후 투석하러 가는 분도 많습니다.

혈액투석이든 복막투석이든 장거리 여행은… 에휴, 이건 그냥 한숨부터 나오네요. 젠장!

- **투석이 무서워요. 하기 싫어요.**

솔직히 42년간 투병 생활을 해온 저도 투석실 가는 게 싫습니다. 안 가면 좋겠지만, 그러면 저승사자가 하이파이브 하러 달려오겠죠. 가끔은 저승사자가 제 주위를 맴

돌면서 기회를 엿보고 있지 않을까 하는 생각이 들기도 합니다. 그리고 혈액투석할 때마다 그 무식한 바늘을 보면 소름이…. 아직도 적응이 안 됩니다.

투석이란 거, 하기 싫고 무섭겠죠. 앞으로 하고 싶은 일도, 해야 할 일도 많은데 평생 투석에 매어 있어야 한다고 생각하면 앞이 캄캄할 수도 있습니다. 그래서 투석을 어떻게든 미뤄보려고 버티는 분들도 많습니다.

하지만 투석을 미루는 동안 다른 장기들은 서서히 망가집니다. 결국 응급실에서 "살려달라"고 외치거나(그나마 외칠 수 있다면 다행이죠), 혼수상태에서 응급 투석을 해야 하는 상황이 올 수도 있습니다. 솔직히 이런 상황이 더 무섭지 않을까요?

투석한다고 해서 인생이 끝나는 건 아닙니다. 오히려 투석 후에는 붓고 무겁고 찌뿌둥하던 몸이 한결 가벼워지고 컨디션이 나아집니다. 노폐물이 잔뜩 섞인 혈액이 깨끗해지니 당연한 일이죠. 물론 남들과는 다른 삶을 살아야겠지만, 그 또한 인생의 한 길이니 걷다 보면 또 다른 풍경이 펼쳐질 거란 생각이 듭니다.

가끔 주위에서 투석하고 나면 어떤 기분이냐고 묻는 경우가 있는데… 컨디션이 나아진 대신 몸이 좀 지치긴 합니다. 사우나를 네 시간 정도 한 느낌이랄까요? (아, 이건 혈액투석 얘기고, 복막투석은… 흠, 배고픈데 배부른 느낌?)

• 먹을 게 없어요! 굶어 죽겠어요!

저는 초등학교 3학년, 어린 나이에 투석을 시작했습니다. 한창 잘 먹어야 할 시기인데 투석한다고 지옥 같은 식이요법을 철두철미하게 지켜야 했죠. 조금이라도 식이요법을 안 지키면 수간호사님은 귀에 딱지가 앉도록 잔소리를 하셨습니다.

채소 안 돼, 과일 안 돼, 맵고 짠 거 안 돼, 잡곡 안 돼, 밀가루 안 돼, 음료수도 안 돼! 맛있는 건 다 금지! 절대! 네버! 진짜 FM대로 교육을 받았습니다. 솔직히 '교육'이라기보다 세뇌 당한 거라고 볼 수 있죠.

나중에 안 사실이지만, 신장병이 난치병이다 보니 어릴 때부터 철저히 교육받아야 꾸준히 스스로 관리할 수 있기 때문에 그렇게 악독하게(?) 세뇌시켰다고 하더군요. 그런 수간호사님 덕분에 30년이 지난 지금까지 음식 때문에 응급실 간 적은 없습니다.

물론 병원에서 먹지 말라는 음식 하나하나 다 지키면 검사 결과야 따봉이죠. 하지만 사람 몰골이 좀비 친구 수준입니다. 음식을 제한적으로만 먹으니 눈도 퀭하고, 얼굴도 시커멓고, 움직일 기운도 없습니다.
잘 먹는 것도 삶의 낙이어서 전 몇몇 음식을 제외하곤 다 먹습니다. 과일도, 채소도, 맵고 짠 음식도 좋아라 합니다. (저 같은 불량 환자는 본받지 마시길!)

경험상, 양만 잘 조절하면 어느 정도는 먹을 수 있습니다. 예를 들면 김치는 찢어 먹고, 찌개는 건더기만 먹고, 과일은 한 쪽만 먹는 식으로요. 매달 하는 검사 결과에 따라 양을 줄이거나 늘리면 됩니다. 이렇게라도 먹어야 힘도 좀 나고 사람답게 살 수 있지 않을까요?
대신 검사 결과에 따라 의료진의 잔소리가 쏟아질 수 있으니 그 점은 감수할 각오를 하셔야…. 크크큭!

• **신장 이식을 하면 완치인가요?**
결론부터 말씀드리면 현재로서는 아닙니다. 신장 이식

은 투석처럼 치료 방법 중 하나일 뿐, 완치는 아닙니다. 관리를 잘해도 못 해도 내 신장이 아닌 이상 언젠가는 거부 반응이 오고, 결국에는 재투석을 해야 합니다. 그 '결국'이 언제냐가 문제죠. 이건 진짜 복불복입니다.

저는 1987년에 이식을 했지만 7년 만에 거부 반응이 와서 다시 투석을 시작한 케이스입니다. 신장병, 혈액투석, 복막투석, 이식, 거부 반응…. 이건 뭐 신장병 종합 선물(?)세트네요.

그나저나 어차피 다시 투석할지도 모르는데 이식을 왜 하는 걸까요?

투석할 때의 컨디션과 이식했을 때의 컨디션은 하늘과 땅 차이입니다. 게다가 투석을 안 해도 되니 면역억제제를 복용해야 하는 것 외엔 거의 건강한 사람과 다름없는 삶을 살 수 있습니다. 삶의 질부터 달라지는 겁니다. 그러니 이식이 가능하면 투석보다는 이식을 선택하는 게 최선입니다.

그리고 요즘은 의학이 발전해서 이식한 신장도 10년 이상 잘 유지되고, 예전과 다르게 거부 반응도 어느 정도는 잡을 수 있다고 합니다. 앞으로 돼지 신장이니 줄

기세포니 해서 의학이 더 발전한다면 신장병이 완치되는 날도 반드시 올 거라 믿습니다.

• 왜 저만 이런 병에 걸렸을까요?

그러게요. 왜 저만 이 병에 걸려서 40년이 넘게 고생이란 고생은 다 하고 있는 걸까요? 아무리 생각해 봐도 모르겠습니다. 그렇게 잘못한 것도 없는데…. 고민도, 원망도, 후회도 다 해봤습니다. 하지만 그렇다고 해서 변하는 건 아무것도 없더군요. 이미 병에 걸렸고 이식을 받지 않는 이상 평생 투석을 해야 합니다. 그야말로 제 미래를 생각하니 앞이 캄캄합니다. 남들처럼 이것저것 잘 해낼 자신도, 그럴 체력도 없었습니다.

예전에 유튜브 영상에서 본, 공감되는 글이 있어서 옮겨봅니다.

한 치 앞도 안 내다보입니다. 어떻게 살아야 합니까?

멀리 내다보지 말고…
앞이 안 보일 때면

> 한 걸음 앞만 성실하게 내딛으려고 해봐.
>
> 암담할 때, 길이 안 보일 때…
>
> 길이 안 보이는 것처럼 보이지만
>
> 가만히 살펴보면
>
> 한 걸음 내딛을 자리는 언제나 있어.
>
> 그래서 한 걸음 내딛고 나면 풍경이 달라져.
>
> 안 보이던 길이 보이기 시작해.
>
> 그렇게 한 걸음씩 가는 거야.
>
> 일단 한 걸음을 성실하게 내딛어 봐.

  저는 여섯 살부터 투병 생활을 시작했고, 주위에서는 남들처럼 제대로 못 살 거라고 했습니다.

  제 자신 또한 한때 그렇게 생각한 적이 있습니다. "아프니까… 아파서…"라는 말로 항상 저에게 면죄부를 준 것 같습니다.

  그러다 언제부턴가, 이렇게 살다 가는 게 너무나도 억울하고 분했습니다. 그래서 하나씩 바꾸기로 했습니다. 먼저 "아프니까"가 아닌 "아파도"로 시작하기로 했습니다. 아파도 할 수 있고, 아파도 잘 살 수 있고, 아파도 행복할 수 있다고 생각하기로 했습니다. 그러다 보니 지금껏 남들이 하는 것 중에 제가 할 수 있는 것이면 다 하면서 살았습니다.

"변하지 않는 과거는 저 멀리! 내일 걱정은 내일로! 오늘 하루 열심히 최선을 다해 살자!"가 제 삶의 모토입니다. 그렇게 하루하루 한 걸음씩 나아가다 보면 보이지 않던 길이 보이고 희망도 생기게 될 겁니다. 지금 희망이 보이지 않습니까? 영상에서 그러더군요.
"내 안에 희망이 있으면 희망이 있는 것이고, 없으면 없는 것이다. 결국 나부터 바뀌어야 한다."

그렇습니다. 나부터 바뀌어야 주변이 바뀌고 세상이 바뀝니다. 미래가 깜깜하다고요? 너무 멀리 보지 마세요. 눈앞의 한 걸음… 그 한 걸음만 보시길!

- **포기하지 마세요.**

저는 평생 건강하게 살아본 기억이 없습니다. 그리고 하늘나라 문턱까지 가본 적도 많고…. (아마도 저 때문에 저승사자가 시말서를 수십 번 썼을 겁니다. 하하하.) 병원에서 저를 포기한 적도 있습니다. 저희 엄마께서는 제가 만약 잘못되면 병원에 시신을 기증하려고 하셨답니다. 다시는 저 같은 환자가 생기지 않게 하고 싶으셨다고.

비록 삐거덕거리지만 지금까지 잘 살고 있습니다. 힘든 투병 생활 중에도 직장 생활도 하고 있고, 결혼해서 가정도 이루었고, 남들과 다름없이 지내고 있습니다.

신장병에 걸렸다고, 투석한다고 해서 인생이 끝난 것도 아니고 아무것도 못 하는 것도 아닙니다. 그저 다른 길을 가는 것뿐이죠. 그러니 지금 투병 생활이 힘들다고 해서 절대 포기하지 마세요.

그렇게 한 걸음 한 걸음씩 가다 보면 웃을 날이 반드시 올 겁니다. 그런 의미에서, 이번 주도 힘차게 웃고 시작해 보시길! 우하하하!

웃다 턱 빠질 뻔한 피터

3.
나 혼자 레벨 업!
하수, 고수 그리고 마스터!

　　　　　　　　　　신장염, 혈액투석, 신장이식, 복막투석, 다시 혈액투석으로 40년 이상 투병 생활을 하면서 그동안 제가 겪었던 다양한 경험들과 느낌을 짤막하게나마 적어보았습니다.

이 글의 99퍼센트는 저의 얘기고, 0.9퍼센트는 같은 환우들에게 들었던 얘기이며, 0.1퍼센트는 재미를 위한 과장이 포함되어 있습니다. 하하하.

낯설기도 하고 공감되는 부분도 있을 겁니다. 어디까지나 저의 경험담이니 재미로만 봐주시되, 절대 따라하지는 말아주세요. 크크큭! 저는 그리 모범환자가 아닙니다. 그래도 힘든 투병 생활 중에 이 글을 읽고 잠시나마 웃으실 수 있다면 그걸로 감사할 따름입니다.

- **용어의 정의**
- **하수** : 이제 투병을 시작한 지 얼마 안 된 단계
- **고수** : 병에 이골이 났지만, 심적으로 좀 여유가 있는 단계
- **마스터** : 최소 30년 이상으로. 범접할 수 없는 단계 (다시 말하지만, 마스터는 절대 모범환자를 말하는 게 아닙니다.)

- **의학 지식**
- **하수** : 아무것도 모르겠다. 그래서 정보를 얻고자 여기저기 열심히 돌아다니지만 알면 알수록 더 헷갈린다. '이 사람 말이 맞는 것 같기도 하고, 저 사람 말이 맞는 것 같기도 하고. 도대체 누구 말이 맞는 거야?'
- **고수** : 이제는 병에 대해 어느 정도는 알고 있다. 의사 말도 다 알아듣고 신장병에 관한 용어도 거의 다 터득했지만, 이론은 이론일 뿐 아직 실전은 어렵다. "에, 그러니까 투석이란 말이지… (어쩌고저쩌고) 그런 거야.

그 이상은 알려고 하지 마라. 다친다."

― **마스터**: 반의사가 다 됐다. 때론 인턴 정도는 가르칠 수 있을지도 모른다는 생각이 든다. "어이, 의사양반, 그건 그게 아니라고…."

● **식이요법**

― **하수**: 무조건 저염식, 아니 거의 무염식이다. 먹으면 안 되는 것들뿐이다. 어떻게 평생 이런 것만 먹으라고 하는 건지. 병보다 굶어 죽을 것 같다. "오늘은 또 뭘 먹어야 하나… 에휴."

― **고수**: 전보다 많이 느슨해졌다. 그래도 이것저것 생각은 하면서 먹는다. "이건 칼륨이 많으니 이만큼만. 아, 이건 좀 짜서 안 되겠어. 이건 괜찮아, 오케이!"

― **마스터**: 일단 먹고 본다. 아무거나 다 먹는 것처럼 보이지만 자기만의 룰이 있다. "이것도 냠냠, 저것도 쩝쩝. 잘 먹었다, 꺼억! 저녁은 조심해야겠군."

● **검사 결과가 나쁘면**

― **하수**: 스트레스 받는다. '입원하자고 하면 어쩌지? 또 무슨 약이 추가될까? 혹시 몸이 더 나빠진 게 아닐

까?' 겁부터 나고 걱정이 태산이다.

— **고수** : 역시 스트레스는 받는다. '내가 왜 진작 제대로 관리를 안 했을까?' 다음에는 관리를 더 잘해야겠다고 다시 한번 다짐한다.

— **마스터** : 마찬가지로 스트레스를 받기는 하지만 좀 다른 스트레스다. '내가 뭘 먹어서 수치가 이렇게 높지?' 원인을 알고 나서는 '당분간 그건 못 먹겠구나!' 하고 슬퍼한다.

- **의사에 대한 느낌**

— **하수** : 말 붙이기도 어려운 분. 물어보고 싶은 건 산더미인데 의사 앞에만 서면 난 왜 작아지는 걸까?

— **고수** : 흰 가운 입고 다니면서 목만 뻣뻣한 인간. 뭔가 물어볼라치면 짜증부터 내는 것 같다.

— **마스터** : "검사 좀 고만 하쇼!" 우리 집 기둥 뽑아갈 놈. 정작 결과는 그냥 "괜찮아요." 끝. (그래도 검사해서 괜찮으면 다행인 겁니다.)

- **진료**

— **하수** : 묻고 싶은 게 있어도 입도 뻥긋하지 못하고,

무조건 "예, 예" 대답만 하다가 어느 순간 진료실 밖에 나와 있다.

— **고수** : 이깃저깃 묻고, 아니다 싶으면 따진다. 그리고 진료실을 나와서 다른 병원을 검색해 본다.

— **마스터** : 듣고 싶은 것만 골라 듣는다. 나머지는 한 귀로 듣고 한 귀로 다 흘려놓고 나중에 욕 얻어먹는다.

- **의사가 투석을 시작할 때가 됐다고 할 때**

— **하수** : 절망에 빠진다. 죽어도 하기 싫은데 그것도 평생을 해야 한다니. '이젠 어떻게 살라고.' 세상이 밉고, 너도 밉고, 나도 밉고, 의사도 밉고…. 세상 끝 나락으로 떨어지는 것 같다.

— **고수** : 충격은 좀 있지만 그냥 받아들인다. '이왕 이렇게 된 거 어쩌겠냐?' 앞으로 어떻게 살지를 고민한다.

— **마스터** : 예. (그냥 아무 생각이 없다.)

- **간호사**

— **하수** : 친절한 간호사가 '아픈데 없냐'고 물을 때마다 감동의 도가니탕이닷!

— **고수** : 일단 싫다. 주사도 아프게 찌르고, 맨날 새벽

에 와서 피 뽑고, 체중 재고. 뭘 물어보면 바쁘다고 건성건성 대답하고…. 우이씨!

　－ **마스터** : '환자한테 치이고, 의사한테 치이고… 애쓴다. 그냥 내가 할게.'

- **신입 간호사가 주사를 잘못 찌를 때**
　－ **하수** : 짜증이 나는데, 화를 내려고 하면 보호가가 먼저 난리를 친다.
　－ **고수** : 일단 참는다. 그러나 한계에 다다르면 간호사 바꿔달라고 고래고래 소리 지른다.
　－ **마스터** : "거 참, 거기 말고 여길 찔러 봐요." 본인이 혈관 찾는 게 더 빠르다. 니미!

- **혈액투석하는 팔**
　－ **하수** : 혈관 수술로 울퉁불퉁한 팔을 남에게 보이려 하지 않는다. 자기도 보기 싫어, 한여름에도 긴 팔 옷만 고수한다. '더워도 내가 참으면 되는 거다.'
　－ **고수** : 누가 보든 말든 상관없다. 자기가 더워서 못 참는다. 그냥 반팔티를 입고 다니다가 누가 물어보면 "좀 다쳤어요!"라고 하거나 근육이라고 우겨본다.

― **마스터** : 울퉁불퉁한 혈관을 남에게 자랑한다. "만져 봐. 웡웡거리지? 이게 피가 흐르는 거야. 들어봐. 소리도 들려."

● **혈액투석 바늘 찌를 때**
― **하수** : 너무너무 아프다. 그래서 열심히 마취크림을 바르거나 마취주사를 맞고 바늘을 찌른다. 바늘 들어가는 걸 못 본다.
― **고수** : 이제 이 정도 아픔은 참을 수 있다. 바늘 들어가는 거 구경도 해본다.
― **마스터** : '니는 찔러라. 나는 TV나 볼란다. 우하하하!' (개그 프로 보는 중)

● **혈액투석하는 네 시간**
― **하수** : 지루하다. 힘들고 짜증날 때도 있다. 네 시간이 꼭 하루 같다. 진짜 지겨운 투석!
― **고수** : 간식도 먹고, 책도 보고, TV도 보고…. 네 시간을 나름 즐기지만 투석 시간이 지겨운 건 마찬가지.
― **마스터** : 투석실이 편안하다. 투석 시작하고 끝날 때까지 내리 잔다. 드르렁 쿨!

- **복막투석을 할 때**

  − 하수 : 투석하는 방도 소독하고, 손도 빡빡 씻고, 마스크도 철저히 쓰고, 투석하는 동안 아무것도 안 한다.

  − 고수 : 일단 밀폐된 공간이면 된다. 가끔은 차 안에서도 투석을 하려고 한다. 투석하는 동안 책도 보고, 컴퓨터도 하고, TV도 본다. 이러다 복막염에 걸려 개고생할 때가 가끔 있다.

  − 마스터 : 여름엔 차가운 약을 넣고, 겨울엔 뜨거운 약을 넣고. 나에겐 봄과 가을만 존재한다. 그리고 투석 시간 신기록 갱신 놀이를 한다. "아싸, 오늘은 19분! 신기록 갱신!"

  (복막투석은 복부에 삽입된 카테터가 외부로 노출되어 있어 감염의 위험이 높으므로 깨끗한 곳에서 투석해야 합니다.)

- **복막염 걸렸을 때**

  − 하수 : "119 불러! 아악, 나 죽어. 허흑!" 온 집안을 데굴데굴 구른다.

  − 고수 : 일단 참고, 응급처치로 복막투석액을 세 번 교환한 뒤 택시 타고 응급실로 간다. 으윽.

- **마스터** : '에고, 항생제가 어디 있더라?' 직접 항생제를 투여하고 아픔이 가실 때까지 개긴다. 그래도 아프면 주섬주섬 옷 입고 응급실로 간다.

(복막염 상태에 따라 항생제 용법이나 용량이 달라지니 필히 응급실로 가서야 합니다. 저처럼 응급실 가기 싫다는 이유로 개기면 큰일 날 수도 있습니다.)

- **빈혈 주사(조혈제)**
- **하수** : '내가 나를 어떻게 찔러!' 무서워서 항상 병원에 가서 맞는다.
- **고수** : 자기가 찌른다. 약도 아주 천천히 넣고 덜 아픈 데만 골라 찌른다.
- **마스터** : 은근히 주사 찌르는 걸 즐기는 변태(?)가 되어간다. (복막투석 환자는 주기적으로 빈혈 주사를 맞아야 합니다.)

- **누군가 신장을 준다고 할 때**
- **하수** : 진짜 정말 고맙다. 눈물도 나고 감동의 물결이 넘쳐서 확 껴안아주고 싶다.
- **고수** : "괜찮아요, 무리 안 해도….", "됐어, 임마.",

"그 마음만 고맙게 받으마." 하지만 돌아서면 왠지 씁쓸하다.

- **마스터**: 어차피 이식한다 해도 낫는 병이 아니니, 차라리 뇌사자 신장을 받는 게 마음 편하다.

- **이식을 하는 이유**
- **하수**: 병이 낫길 바라서.
- **고수**: 투석을 안 하기 위해서.
- **마스터** 그나마도 마음대로 먹기 위해서. (정말 먹는 거에 한이 맺혔습니다.)

- **이식 수술**
- **하수**: 이식하면 다 낫는 줄 안다. 정말 절실히 이식하고 싶다. 투석이 너무 지겹고 싫다.
- **고수**: 이젠 이식해도 낫는 게 아니란 걸 안다. 그래도 이식은 하고 싶다. 역시 투석은 싫다.
- **마스터**: 하면 좋고. 안 해도 그만. 어차피 관리해야 하는 건 둘 다 마찬가지 아닌가?

- **이식 직후**
- **하수** : 감염을 조심해야 하니 24시간 마스크를 쓰고 집에서 완전 수감 생활을 한다. 밖은 무섭다. 밖엔 이식 신을 잡아먹는 괴물이 있을 것만 같다.
- **고수** : 집 안에서는 마스크가 갑갑하다. 집 근처도 나가보고 조금씩 외출도 하지만, 제약이 많은 가석방 같은 신세다.
- **마스터** : 본인이 건강한 사람이라고 착각한다. 오버하다 수치가 오르면 '앞으로 조심해야지'라고 다짐하지만 작심삼일이다.

- **약 복용**
- **하수** : 약 먹는 시간은 칼! 복용법대로 지켜 먹는다.
- **고수** : 복용 시간이 점점 길어진다. 일단 약을 먹으면 그걸로 된 거다.
- **마스터** : 약을 먹었던가? (이 정도면 심각한 겁니다.)

- **가족**
- **하수** : 자신을 불쌍히 여겨 뭐든지 해주려고 한다. 자기 때문에 가족 전체가 저염식을 한다. 가족들 얼굴이

말이 아니다.

  – **고수** : 환자긴 하지만 그냥 가족일 뿐. 이제 스스로 알아서 하란다.

  – **마스터** : 병원비 벌어 오란다. 하하하. 젠장!

- **할 일**

  – **하수** : 이 몸으로 뭘 하랴. 아무것도 하기 싫다. 울고만 싶다. "날 가만히 내버려둬!"

  – **고수** : 일단 이것저것 해본다. 그리고 자기도 할 수 있는 게 있다는 것에 감사한다.

  – **마스터** : 건강한 사람도 하기 힘든 일을 넘본다. 이미 자신이 환자라는 걸 망각한 지 오래다.

- **걱정**

  – **하수** : 걱정거리가 너무 많다. 이것도 걱정, 저것도 걱정. 걱정만 하다 지쳐버린다.

  – **고수** : 앞으로 뭘 해야 할지, 어떻게 투병 생활을 해야 할지, 어떻게 살아야 할지…. 미래에 대한 걱정이 많다.

  – **마스터** : 딴 거 다 필요 없어. 돈이 젤 걱정이다. 젠장!

• **산다는 건**
 − 하수 : 지옥이다. '이러고 어떻게 평생을 살아!' 하루하루가 짜증의 연속이고, 이러다 우울증에 걸릴 것 같다. 모든 게 싫다.
 − 고수 : 모든 걸 받아들이고 하루하루 열심히 살아가려고 노력한다. 언젠가 좋은 날이 올 거라고 믿어본다.
 − 마스터 : '사람 사는 게 다 마찬가지지 뭐⋯.' 이미 해탈의 경지다.

• **초음파 검사할 때**
 − 하수 : 검사 결과가 어떨지, 불안과 걱정 때문에 검사가 언제 끝났는지도 모른다.
 − 고수 : 상당히 지루하고, 검사실이 어두워서 슬슬 졸음이 온다.
 − 마스터 : 일단 '비보험'에 인상 한번 구기고, 검사 중에는 '우헤헤헤, 간지러워요!'

• **MRI 검사할 때**
 − 하수 : MRI 통(?) 안에 들어가는 순간, 숨이 막히고 답답하다. 빨리 끝났으면 하는 바람뿐이다.

- **고수** : 조형제가 들어가는 느낌도 싫고 뚜두따따 뚜두따따 기계음이 시끄럽기만 하다. '숨 참으세요, 숨 쉬세요' 하는 소리도 마찬가지.
- **마스터** : 이 와중에 잔다. 숨 좀 참으라고 방송하지만 자느라 그마저도 못 듣는다.

• **물을 마실 때**
- **하수** : 벌컥벌컥! '아, 이러면 안 되는데. 내일 투석할 때 힘들겠네. 에휴.' 아직도 수분 조절을 못한다.
- **고수** : 으드드득! 얼음이면 장땡. 물은 약 먹을 때만.
- **마스터** : 물을 조절해서 마시지만, 몸이 부으면 사우나에 가서 몸을 탈수(?) 시킨다.

(물론 추천하는 방법은 아닙니다.)

• **투석환자가 칼륨이 높은 과일, 야채 등을 먹을 때**
- **하수** : 맛만 보는 정도. 그 이상은 안 먹는다. 더 먹으면 죽을지도 모른다고 생각한다.
- **고수** : '한두 개쯤은 괜찮겠지' 하다가도 이상 증상이 나타나면 바로 카리메트(칼륨 낮추는 약)를 먹는다.
- **마스터** : "다음엔 포도 말고 수박 좀 사다 줘요."

(마스터는 오랜 경험으로, 자신이 무얼 얼마나 먹어도 되는지 어느 정도 알고 있는 상태입니다. 이제 막 투병을 시삭하시는 분들은 절대 조심하세요. 특히 혈액투석 환우님들, 잘못하면 119 아저씨랑 친구 먹습니다.)

- **응급실**
  - **하수**: 몸도 아픈데 돌아버리겠다. 여기가 시장인지 병원인지 모르겠다. 의사 만나기가 하늘의 별따기다.
  - **고수**: 보호자 없이 혼자 왔다는 소리에 간호사가 놀란다. "어떻게 걸어왔지?"
  - **마스터**: 웬만한 증상으로는 응급실에 안 간다. 어차피 집에서 개기나 응급실에서 개기나, 개기는 건 마찬가지. (제발 이러지는 맙시다. 병원은 빨리 갈수록 고생을 덜 합니다.)

- **입원**
  - **하수**: 입원한 날 가족과 지인들한테 모두 알리고, 평소 연락도 안 하던 지인이나 친구들까지 병문안을 온다. 일단 오면 반갑다. 두 손 가득히 오면 더욱 반갑다. (코로나 전에는 가능했지요.)

- **고수** : 입원한 걸 가족이나 친한 사람만 알게 한다. 이젠 누가 오는 게 싫다. 아니, 귀찮다.
 - **마스터** : 혼자 입원하고 혼자 퇴원한다. 부모형제에게도 생사 확인만 시켜준다. 이제 아픈 건 누구에게도 보이고 싶지 않다.

• **입원 중**
 - **하수** : 지루하고 미칠 것 같다. 감옥이 따로 없다. 입원하자마자 퇴원하고 싶다.
 - **고수** : 매일 새벽부터 체중 재고, 아침도 먹기 전에 피 뽑아가고, 잠 좀 자려고 하면 검사하러 가라고 깨우고…. 병원은 환자를 괴롭히는 곳인가?
 - **마스터** : "OO병동의 OOO 환자분께서는 속히 병동으로 오시기 바랍니다." 항상 간호사가 환자를 찾는다. 어디 있는지는 환자 본인만 안다.

• **입원 중 식사**
 - **하수** : '이걸 어떻게 먹으라고!' 정말로 무(無)맛이다. 자꾸 집에 있는 반찬을 갖다달라고 한다.
 - **고수** : "드럽게 맛없네." 그렇게 투덜거리면서도 꾸

역꾸역 먹는다. 일단 잘 먹어야 회복하니까.
 – **마스터** : 먹을 만한 것만 골라 먹고, 슬쩍 매점으로 향한다.

• **입원 중 행색**
 – **하수** : 아파도 그나마 깔끔하게 보이기 위해 매일 잘 씻고 닦는다.
 – **고수** : "귀찮다니깐!" 하며 어쩌다 가끔 씻어서, 노숙자와 구별이 안 된다.
 – **마스터** : 퇴원할 때만 씻으면 된다. (뭐냐? 이놈은!)

• **수술실로 가는 길**
 – **하수** : 가슴이 쿵쾅쿵쾅! 긴장과 두려움이 최고조로 올라간다. 이렇게 무서운 걸 할 수밖에 없는 자신이 처량하다.
 – **고수** : 긴장은 되지만 수술이 잘 되길 기도한다. 그리고 잘 될 거라 믿으며 담담한 마음으로 수술실로 간다.
 – **마스터** : 이미 마음을 비운 상태. 침대에 누워 수술실로 가는 동안 천장 무늬와 형광등 개수를 세어본다.

- **수술실 안**
  - **하수** : 수술 준비하는 소리가 정말 무섭다. 자기도 모르게 몸이 떨린다. '빨리 끝났으면….'
  - **고수** : 너무 춥다. 차가운 소독약까지 바르니 얼어죽을 거 같다. '빨리 잠들게 마취나 시켜줘!'
  - **마스터** : 드르렁 쿨! 수술 준비하는 동안 이미 잠들어 버린다.

- **수술 후**
  - **하수** : "진통제! 아악!" 마취가 풀리니 너무 아프다. 통증 때문에 죽는 거 아닌가 싶다.
  - **고수** : 일단 참을 수 있을 때까지 참아본다. 그러다 결국 진통제를 달라고 한다.
  - **마스터** : 아, 통증에는 마스터가 없다. 어느 정도의 통증인지 감을 알기에 마취가 풀리기도 전에 진통제부터 달라고 한다. (마스터도 통증은 피해갈 수 없습니다.)

- **웃을 일이 있을 때**
  - **하수** : 별로 웃질 않는다. 겨우 피식거리는 정도. 몸이 아프니 웃음도 안 나온다. 인상이 점점 어두워지고

표정이 굳어간다.

　－ **고수** : 잘 웃는다. 아니 웃으려고 노력한다. 가능한 마음을 비우고 즐겁게 살려고 한다. 그저 단순하게 사는 게 최고다.

　－ **마스터** : "우헤헤헤. 내 배꼽이 어디 갔지?" 웃을 땐 그냥 웃으면 되는 거다. 인생이 뭐 별건가? 역시 아무 생각 없이 웃는 게 제일이다.

● **슬픈 일이 있을 때**

　－ **하수** : 안 그래도 힘든데… 슬픔에 빠져 허우적거린다. 동굴 속에서 빠져나오기가 정말 힘들다.

　－ **고수** : 크게 심호흡을 하고 빨리 잊어버리려고 한다. 너무 힘들 땐 차라리 펑펑 울고 나면 속이 좀 후련하다.

　－ **마스터** : "우헤헤헤!" 슬퍼도 웃는 바보가 되어 버린다. 이제 슬퍼하거나 힘든 모습을 남에게 보이기 싫다. 그래서 혼자 가슴으로 슬퍼한다.

● **삶이 힘들 때**

　－ **하수** : 그냥 모든 게 힘들고 지친다. "그런 거 묻지 마라. 짜증난다."

− **고수** : 역시나 힘들지만 그래도 열심히 살아간다. 아직은 희망을 꿈꿔 본다.

− **마스터** : 일단 악으로 깡으로 버틴다! 내일은 모른다. 나에겐 오늘만 있을 뿐. 내일도 곧 오늘이닷!

• **마음의 상처**
− **하수** : 작은 일에도 상처받고, 채 아물기도 전에 또 상처받고…. 자신이 스스로 상처 내고 상처투성이가 되어간다.

− **고수** : 역시나 상처투성이지만 곧 이겨낸다. 이제는 스스로 방법을 터득한다. 하지만 흉터가 남는 건 어쩔 수가 없다. 가끔은 그 흉터가 아프고 쓰리다.

− **마스터** : 워낙 상처를 많이 받다 보니 이젠 상처 받을 때가 없다. 그래서 웬만한 상처엔 눈 하나 꿈쩍 안 한다. 그러나 속은 뭉그러질 대로 뭉그러져 있다. 서글프지만 본인만 알 뿐이다.

• **꿈**
− **하수** : 이미 잊은 지 오래다. 아니 접어버렸다. 어차피 이루지도 못할 꿈…. 그런 자신이 싫다.

- **고수** : 조금씩 다시 꿈을 꿔본다. 비록 작은 꿈이지만 꿈을 위해 노력하는 자체가 즐겁다.
　- **마스터** : 꿈은 잠을 잘 때만 꾼다. 아, 그 꿈이 그 꿈이 아닌가?

● **그래도 사는 이유**
　- **하수** : 어쩔 수 없이 사는 거다. 나도 모른다. 지금 이게 모두 꿈이었으면 좋겠다. 젠장!
　- **고수** : 아직 살아있으니 사는 거다. 그리고 삶에 대한 애착이 강하다. 세상에 대한 미련이 많다.
　- **마스터** : 그걸 질문이라고 하냐? 그럼 죽고 싶겠냐? 난 100살까지 살 거다! 살면서 먹고 싶은 거 다 먹고, 하고 싶은 거 다 해볼 거다. 그러려면 아직 멀었어! 아직 시작도 안 했다!

● **그리고 마지막으로 남은 것들**
　- **하수** : 절망, 후회, 우울
　- **고수** : 희망, 미래, 노력
　- **마스터** : 무념(無念), 무상(無想), 무심(無心)… 그리고 오늘 저녁 반찬은?

재미로 쓴 글이지만 하수에서 마스터까지의 길고 긴 여정이 참 많이 힘들었습니다. 이렇게 쓰고 보니 무뎌지고 단무지 같은 지금의 제 모습이 어쩐지 서글퍼지기도 하지만, 한편으로는 살려다 보니 그 안에서 저만의 방법을 터득한 것도 같네요. 그래서 스스로 대견하단 생각도 해보고요. 하하핫!

그렇다고 제가 인간승리를 했다는 건 절대 아닙니다. 오히려 강해졌다기보단 그런 와중에도 즐겁고 행복한 일들이 셀 수 없이 많았다는 걸 알았습니다.

어쩌면 이런 과정들이 우리네 인생사와도 닮아있다는 생각이 듭니다. 누구나 그러하듯 저도 마스터가 되는 동안 나이를 먹었고 점점 소중한 게 무언지 알게 되었습니다. 그런 의미에서 저는 앞으로도 더 배워야 할 게 많습니다. 이제 마스터가 아닌 '더 행복한 사람'이 되기 위해 레벨 업 해야겠습니다. 저 혼자가 아닌, 여러분도 같이요.

마스터를 넘어, 행복한 레전드를 꿈꾸는 피터

4.
지독한 절망을 견디게 하는
단 하나의 희망

• **85병동 유명인사**

저의 긴 투병 생활 중, 정말이지 절망적인 3년의 기간이 있었습니다.

2002년에 찾아온 '복막 경화증'으로 인해 먹지도, 자지도 못한 채 배가 뒤틀리는 고통 속에 살았죠. 그 시절 제 모습은 뼈에 가죽만 겨우 두른 상태로, 몸무게가 쌀 반 가마니도 안 되는 38킬로였습니다.

투석을 하면 체중이 늘어난 만큼 빼야 하는데, 저는 항상 마이너스 상태여서 영양제만 실컷 맞았죠. 근력이 거의 없어서 열흘에 한두 번은 동생에게 업혀서 투석하러 가곤 했습니다.

한 번은 동생이 "꼭 마른 나뭇가지를 업고 가는 느낌"이라고 하더군요. (내가 피노키오냐!)

3년 동안 입원만 15회! 그나마 먹을 수 있는 것이라곤 죽이나 미음 정도였는데, 그것조차 제대로 먹지 못했습니다. (솔직히 이제는 죽이라면 치가 떨려요.) 어머니께서 해주신 음식을 한두 숟가락만 먹어도 그대로 화장실행 KTX를 타버리기 일쑤였죠. 그래도 먹어야 살기에 죽기 살기로 먹었습니다.

이렇게 모든 게 절망스럽던 저에게도 단 하나의 희망이 있었습니다. 아이러니하게도 그 희망이란 게 바로 "먹는 것!"이었죠.

그 시절 저는 TV 속 요리 프로그램의 광팬이었습니다. 〈대결 맛대맛〉, 〈찾아라! 맛있는 TV〉, 〈요리 보고 세계 보고〉, 〈잘 먹고 잘 사는 법〉 등, 제대로 먹지도 못하는 상황에서 이런 프로그램을 참 열심히 봤습니다. 넋 놓고 그걸 보는 것이 유일한 낙이자 희망이었고, 그 시간만큼은 고통을 잊을 수 있었습니다.

• 눈으로 먹는다, 고로 나는 존재한다

병원에 입원해서 콧줄을 꽂고 물 한 모금도 못 마신 채 굶어야 하는 상황에서도, 다른 환자들이 모두 잠든 늦은 밤 휠체어에 앉아 최대한 소리를 죽이고 요리 프로그램을 보곤 했죠.

어머니께서 "넌 먹지도 못하면서 왜 그런 걸 보냐? TV를 잡아먹겠네!" 하시고, 간호사도 "피터님, 저런 거 보면 더 먹고 싶을 텐데 안 보는 게 낫지 않아요?"라고 했지만, 그때마다 제 대답은 늘 같았습니다.

"입으론 못 먹어도 눈으로는 먹을 수 있잖아요!"

이렇게 먹지도 못하고 아무것도 못 하는 절망적인 상황에서는 차라리 빨리 죽고 싶다는 생각이 들 수도 있었을 텐데, 저는 TV 프로그램을 열심히 보면서 '장이 나아지면 꼭 먹어볼 음식' 리스트를 만들고 있었습니다. 일명 "피터의 베스트 푸드 리스트"였죠.

의사들도 절레절레 고개를 흔드는 상황에서, 어찌 보면 엽기적이고 미친 짓이며 때론 서글프게 보이기도 했겠지만, 제 머릿속엔 오로지 '먹겠다'는 생각밖에 없었습니다. 다른 생각은 하지도 않았고, 하고 싶지도 않았죠.

그래서인지 요리 프로그램을 볼 때는 꼭 먹겠다는 욕망과 함께 두 눈에서 불꽃이 팍팍 튀었고, 다시 삶의 의지가 불타올랐습니다.

(저건 먹어야 해. 난 저걸 꼭 먹어야 해. 꼭 나아서 먹어야 해. 저엉말 맛있겠다. 꿀꺽!)

• 세상에서 가장 추잡스러운 짓

세상에서 가장 추잡스러운 짓이 남 먹는 거 쳐다보는 거라던데, 제가 그 추잡스러운 짓을 무지하게 많이 했습니다.

당장 먹질 못해 눈앞이 노란데, 까짓 추잡스러운 게 뭐 대수입니까? (눈으로 먹는다니까요!)

덕분에 간병하러 온 가족들이나 문병 온 분들이 제 눈에 안 띄는 곳에서 식사하느라 고생 좀 하셨죠. 아마도 제 앞에서 음식을 먹던 분들은 뒤통수 따갑게 살기를 느꼈을 겁니다.

아니, 한 마리 굶주린 하이에나의 눈빛을…. 하하하.

지금 와서 생각해 보니, 의사들도 포기한 절망적인 삶에서조차 제가 스스로를 포기하지 않았던 이유 중 하나는 바로 '먹는 것에 대한 열망', '어떻게든 살아서 먹어야 겠다'는 갈망이었던 것 같습니다.

지성이면 감천이라던데, 아마도 먹는 것에 대한 저의 집념에 하늘도 감동하셨나 봅니다. 아니면, "독한 놈"이라고 지쳐버리신 건지도요. (공부를 이렇게 했으면 전교 1등은 따 놓은 당상이었을 듯….)

• 다시 찾은 세 번째 삶

그 이후 자칭 대한민국에서 유일한 '미친 괴짜 의사' 선생님을 만나 조르고 졸라서, 생명을 저당 잡고 대수술을 한 끝에 겨우 목숨을 건졌습니다. 그 후로는 잘 먹고, 잘 자고, 잘 싸고, 예전보다 체격도 커졌습니다. 살도 무진장 쪄서 몸매만 보면 배 나온 중년 아저씨 같았죠. 크크큭. 병원에서도 이 정도로 회복할 줄은 몰랐다더군요. 다들 기적이라고 했습니다.

당시엔 먹는 거 조심하라고 어머니께서 항상 잔소리를 하셨지만, "피터의 베스트 푸드 리스트" 중 절반도 못 먹어봤고, 3년 치 굶은 거 보충하려면 아직도 멀었습니다. 그렇다고 진짜 무식하게 먹지는 않아요.

그때를 생각하면 지금은 꿈만 같습니다. 이렇게 걸어 다니는 제가 아직도 신기할 따름입니다.

그동안 쓴 병원비 벌어오라는 어머니의 압박(?)에 직장도 다시 나가면서, 다시 찾은 세 번째 삶을 하루하루 열심히 살고 있습니다.

아직도 맛집 식당가를 기웃거리는 배고픈 하이에나 피터

5.
오늘도
투석실로 출근합니다

• **오전 6시**

"행님아, 인나! 6시야!"

전날 맞춰둔 알람이 미친 듯이 울어대도 저는 여전히 꿈나라를 헤매고 있었습니다. 알람이 울리다 지쳐 쓰러질 때쯤, 결국 먼저 깬 동생이 저를 깨웠죠. 다음에는 알람 시계를 동생 곁에 두고 자야겠습니다. 저 때문에 동생도 아침형 인간이 될 수 있으니 동생도 좋은 거 아닌가요? (역시 사악한 형이군. 넘어가요, 넘어가! 하하하.)

비몽사몽 일어나 냉장고로 가서 시원한 물 한 컵을 벌

컥벌컥 마시고 싶지만 혈액투석 환자에게는 꿈 같은 얘기겠지요? 오늘도 한두 모금으로 정신을 차려봅니다. 그제야 위장도 깨어났는지 아침부터 비명을 질러댔습니다.
'꼬르르륵! 음식을 넣어 달라! 바로 지금! 라잇 나우!'

바로 토스트를 굽고 계란프라이에 커피 한 잔으로 위장과 대충 타협한 후 슬슬 병원 갈 준비를 했습니다. 가기 싫다거나 가야 한다는 생각도 없이, 이제는 그냥 의무적으로 몸이 알아서 움직입니다. 무념(無念), 무상(無想), 무심(無心) 상태로, 한마디로 말하면 아침부터 이런저런 생각하는 게 귀찮다는 거죠. 뭐.

저는 일주일에 세 번, 네 시간씩 혈액투석을 해야 살아갈 수 있는 만성신부전 환자입니다. 그래서 중증 장애인 등급까지 받았죠. 하지만 하루걸러 한 번씩 투석하러 간다고 하면 왠지 진짜 중증 환자처럼 느껴지고, 또 투석이란 걸 모르는 이들에게 일일이 설명하려니 입만 아파서 그냥 '충전하러 간다'고 말합니다. 투석하고 나면 몸도 가벼워지고 컨디션도 좋아지니, 충전이나 투석이나 그게 그거라는 생각이 듭니다.

오늘도 '충전 만땅'으로 채우기 위해 집을 나서며 현관

문을 열어보니 새벽 공기가 쌀쌀한 게, 그제야 정신이 바짝 들었습니다.

'얼른 가서 자야지.'

그렇습니다. 투석실은 저에게 있어 제2의 숙소 같은 곳입니다. 푸핫!

• 오전 7시

아직 이른 시간이라, 언제나 그렇듯 병원은 조용했습니다. 병원 편의점에서 빵과 우유를 사 들고 투석실로 향했습니다.

"안녕하세요!"

이 시간, 간호사들은 투석 준비로 바쁘기 때문에 제가 먼저 큰 소리로 인사를 하지 않으면 반응이 없습니다. 이젠 제 목소리가 작으면 어디 아픈 줄 알 정도죠.

"예, 안녕하세요!"

투석실을 둘러보니 제 대기 순번은 세 번째. 앞의 어르신 두 분은 도대체 몇 시에 오시는 걸까요? 늘 이 두 분에게 밀립니다.

'저 두 분은 병원에서 밤을 새우시나? 아참! 이럴 때가 아니지.'

몸무게를 재려고 체중계에 올라섰습니다.

'헉! 언제 이렇게 늘었지? 어제 내가 뭘 먹었더라?'

머릿속에서 그제, 어제 먹은 것들을 쫙 펼쳐 하나하나 체크해 보는데….

'젠장! 역시나 많이 먹었군. 아이고!'

투석환자는 식이요법을 제대로 안 하면 먹은 만큼 대부분 부어서 몸무게가 하루에도 2~3킬로씩 늡니다. 투석하면서 이걸 다 빼야 하는데, 너무 많이 늘면 그만큼 투석 후에 지치고 힘들지요.

- **오전 7시 20분**

오늘 제 자리는 18번입니다.

'번호가 영 거시기한데? 간호사가 나에게 불만이라도 있는 건가?'라는 말도 안 되는 의심을 하며 자리에 누워 TV를 켰습니다. 그러는 동안 간호사는 옆에서 투석 기계를 세팅했습니다. 늘 그렇듯 소매를 걷어올리고, 팔을 소독하고, 고무줄을 묶으려는 순간….

"간호사님, 전 고무줄 안 하는데요. 또 까먹으셨죠?"

"아, 맞다! 피터님은 고무줄 안 하시죠? 다른 환자랑 헷갈렸어요. 미안해요."

(여기 투석 환자 중에 고무줄 안 히는 건 지랑 다른 환자 딱 두 명뿐인데 헷갈릴 게 뭐 있다고. 간호사도 아직 잠이 덜 깼나 봅니다. 크크큭!)

"오늘은 여기 찔러볼까요?"

간호사가 제게 먼저 물었습니다. 두꺼운 바늘로 같은 곳만 계속 찌르면 혈관이 금방 망가지기 때문에 항상 안 찌른 곳을 찌르려고 하지만, 환자 입장에서는 새로운 곳을 찌르는 게 정말 싫습니다. 왜냐하면 매우 아!프!니!까!

"어? 거긴 안 찌른 데잖아요. 그냥 원래 하던 데 하면 안 될까요?"

"쓰던 데만 계속 쓰면 혈관 망가지는데…. 그럼 오늘까지만 원래 찌르던 곳에 찌를…."

'아싸, 좋아라!' 하는 순간, 갑자기 부두목(?) 간호사님 등장!

"피터님, 괜히 엄살 부리지 말고 우리가 하자는 대로 하세요. 설마 우리가 나쁘게 하겠어요? 오늘은 새로운 데 찔러요."

(물론 나쁘게야 안 하겠지만… 대신 아프게 하겠지요.

젠장!)

수간호사님 다음으로 투석실 2인자인 부두목 간호사님은 애가 둘인 대한민국 아줌마입니다. 개기면 바로 매장이죠. 저는 군말 없이 바로 깨갱했습니다. 그러자 간호사의 눈빛이 바뀌더군요.

"그럼 여기 찌릅니다."

"악!"

"왜요? 왜요? 아직 찌르지도 않았는데…."

"예행연습 해봤어요. 하하하!"

"놀랐잖아요! 자꾸 그러시면 아프게 찌를 거예요."

이런 장난도 하도 하다 보니 오래된 간호사에게는 전혀 안 통하지만, 가끔 신입 간호사의 리액션이 재미있어서 이런 유치한 장난을 멈출 수가 없습니다. 하하하.

수십 년 넘게 찔려온 바늘인데도, 새로운 곳을 찌르는 건 역시나 아픕니다. 이게 찌르는 건지, 살을 뚫고 들어오는 건지. 투석용 바늘은 굵기도 어찌나 굵은지 바늘로 위장한 빨대 같은 놈이죠! 게다가 매번 두 개나 찌르니, 이러다 팔이 남아나지 않을 것 같은 느낌이 들 때가 많습니다.

바늘 두 개를 다 찌르고 간호사에게 늘어난 몸무게를 확인받았습니다. 늘어난 만큼 빼야 하는데, 잘못 세팅하면 투석 시간이 지옥으로 변할 수 있기에 매우 중요한 순간이죠. 하지만 장난꾸러기 피터는 간호사랑 농담 따먹기만 하고 앉아 있으니….

"피터님, 2.8킬로그램 늘었는데 몇 킬로 걸까요?"

"그냥 알아서 걸어주세요."

"장난하지 말고요."

"농담입니다. 2.8킬로 다 걸어주세요."

"피터님, 어제 뭘 얼마나 먹은 거예요? 몸무게가 많이 늘었네요?"

"어제 별로 안 먹었는데요."

"에이!"

"그게… 그냥 그렇다고요."

그렇게 농담 따먹기가 끝나고 윙윙거리며 투석 기계가 돌기 시작했습니다. 팔에서 내 피를 쪽쪽 빨아먹는 것 같은 기계가 원망스러울 때도 있지만, 그래도 고장 난 내 신장을 대신해 주는 고마운 녀석입니다. 그 큰 덩치가 주먹만 해져서 내 몸 안으로 들어오면 얼마나 좋을까요! 하긴, 강호동 보고 유모차 타라고 하는 게 훨씬 빠르겠네요. 쩝!

• 오전 9시

슬슬 배가 고파지는 시간. 아까 사온 빵과 우유를 꺼내 한입 베어 물고 있는데, 갑자기 기계가 삑삑거렸습니다.

'이놈의 기계가 나만 먹는다고 샘을 내나? 또 난리네!'

제가 툴툴거리는 동안 간호사가 와서 알람을 끄며 말했습니다.

"피터님, 팔 움직이지 마세요."

"안 움직였는데요. 우유만 들고 있었어요. 기계가 이상한 거예요!"

"알겠어요, 알겠어. 드시던 거 계속 드세요."

"넹. 냠냠!"

배도 부르고, 이제 슬슬 잠들 시간. 투석하는 중 가장 행복한 순간입니다. 투석 시작하면 바로 잠드는 것도 어찌 보면 복 받은 건지도 모르겠습니다.

• 오전 10시 30분

세상모르고 곯아떨어져 있는데, 갑자기 귀에 익숙하지

만 듣고 싶지 않은 목소리가 단잠을 깨웠습니다.

"피터, 일어나 봐!"

목소리의 주인공은 닥터 M샘이었습니다. 어릴 적 서울대병원에서 만났을 때는 새내기 레지던트였는데 지금 이 병원에서는 제 담당 교수입니다. 즉, 닥터 M샘은 그동안 저의 비리(?) 내지 악행(?)을 다 알고 계신 분이라는 말씀. 병원 한번 참 잘 골랐네요. 에잉! (설마 닥터 M샘이 이 글을 보시진 않겠죠? 하하하.)

"너 또 2킬로 넘게 늘어왔네? 내가 몇 번이나 말했니, 2킬로 넘기지 말라고!"

"아니, 먹은 것도 별로 없는데…. 회사 다니다 보니 외식을 자주 해서 그런가? 그리고 그게 또 야근하다 보니 간식을 좀…."

"너!" (찌릿!)

역시 '차가 막혀서 지각했다' 같은 뻔한 변명은 통하지 않았습니다. 흐흑!

"너, 다음에도 이러면 투석 안 해준다. 조심햇!"

"예, 앞으로 조심할게요."

"대답은 참 잘해요, 쯧! 그리고… 음… 이번 검사 결과가…. 너, 이리 와!"

"하하… 하… 그게… 죄송합니다."

닥터 M샘의 폭풍 잔소리를 고이 받아들이고, 다시 누워 잠이 들었습니다. 자면서 아까 들은 잔소리는 꿈나라에 고이 묻어버렸… 크크큭! 이러니 매번 욕(?)먹는 게 아닐까 싶지만 덕분에 오래 살 것 같은 느낌적인 느낌이 드네요. 하하하.

- **오전 11시 30분**

"피터님, 일어나세요. 끝났어요."

(또 비몽사몽) "엥? 벌써요? 아함, 졸려…."

"피터님, 정신 차리시고. 마지막 혈압 잴게요."

(재든지 말든지. 난 5분만 더…)

"바늘 뺄게요!"

그렇게 네 시간의 투석이 끝나고 나면 지혈을 잘 해줘야 합니다. 여기 투석실은 나이 드신 환자분들이 많다 보니 간호사들이 대신 지혈을 해줍니다. 하지만 저는 제가 지혈하는 게 편합니다. 다른 투석실에서도 그렇게 했던 터라 그게 습관이 됐고, 남이 해주면 왠지 중환자가 된 기분이라 좀 불편했습니다.

"제가 누를게요."

"그래 주실래요? 여기, 잘 누르세요."

투석 시작하면 바로 잠이 들고, 투석 끝나면 혼자 지혈하고, 혼자 반창고 붙이고. 거의 손이 안 가는 환자라 간호사들은 저를 '모범 환자'라고 했습니다. (그런데 모범 환자가 좋은 건가?)

• 오전 11시 50분

'얼마나 빠졌으려나? 몸무게 확인하고 슬슬 가야지.'

투석이 끝나면 사우나에서 몇 시간 땀을 뺀 것처럼 진이 빠지고 허기가 지죠. 역시나 체력이 받쳐줘야 투석도 수월히 할 수 있습니다. 대신 몸은 한결 가볍고 개운합니다.

"저 갑니다. 안녕히 계세요."

"피터님, 몸무게 잘 빠졌어요? 다음에는 많이 늘어 오지 마세요."

"뭐라고요? 안 들려요. 먼저 갑니다!"

수납 창구로 가서 계산을 하는데, 영수증을 볼 때마다 매번 한숨이 나옵니다. 하지만 어쩌겠습니까. 이걸로 내일까지 살 수 있는 시간을 벌었으니, 그것만으로도 감사한 거죠.

'그래, 아직 나에겐 내일이라는 게 존재한다! 하하하!'

병원 밖으로 나서니 상쾌한 공기와 함께 햇살이 따뜻하게 내리쬐고 있었습니다. 크게 숨 한 번 들이마시고, '나에게 또다시 주어진 내일'을 향해 앞으로 달려가 봅니다.

'악! 회사 지각이닷!'

오늘도 여전히 충전 만땅인 피터

6.
먹고 죽은 귀신이
때깔도 좋을라나?

  신장병 투병 중 가장 힘든 것은 바로 식이요법입니다. 이것도 안 되고, 저것도 안 되고, 먹으면 안 되는 게 너무 많습니다. 그래도 사람이 먹어야 사는데 말이죠.
  신장은 우리 몸에서 필터 역할을 하기 때문에, 쓰고 남은 영양소나 필요 없는 노폐물은 몸 밖으로 내보내는 작용을 합니다. 그런데 신장병 환자들은 그걸 못 하니 남아도는 영양소나 노폐물이 계속 몸속을 돌아다니며 다른 장기에 영향을 미치게 됩니다.

  '먹고 죽은 귀신이 때깔도 좋다'고 하는데, 식이요법

때문에 먹을 수 있는 게 제한되어 있으니 우리 환우들은 때깔 좋기는 글러먹은 것 같네요. 제길!

이왕 먹는 얘기가 나왔으니 제가 그동안 해왔던 식이 요법(?)에 대해 이야기해 보려고 합니다.

• 혈액투석 1기 - 차라리 굶을란다!

저는 1987년, 초등학교 3학년 때부터 혈액투석을 시작했습니다. 당시엔 신장병이나 투석에 관한 정보를 전혀 얻을 수 없기에, 의사가 시키는 대로 할 수밖에 없었습니다. 무조건 무염식을 하라는 의사의 말에 어린 시절 저는 제대로 먹지를 못하고 지냈습니다. 아니 못 먹었다기보다는 안 먹었다는 게 맞을 겁니다. 맛도 없는 걸 어떻게 먹겠습니까? 흐흑.

그렇게 투석을 시작한 지 얼마 안 되던 어느 날, 수간호사님이 엄마랑 저를 불러 혈액투석 식이요법에 대해 설명해 주시더군요. 어릴 적부터 확실히 알고 적응해야 나중에 본인이 알아서 관리한다고, 식이요법에 대한 세뇌(?)교육을 시작했습니다.

"짜고 매운 건 절대 안 돼요. 과일, 생야채 등도 안 돼요. 잡곡, 견과류 같은 것도 안 돼요."

'이거 안 돼요, 저거 안 돼요, 전부, 무조건, 따지지 말고 안 돼욧!' 하는 수간호사님의 애기를 엄니랑 서는 멍하니 듣고만 있었습니다. 세뇌교육을 받으면서 우리 모자는 아마도 같은 생각을 하고 있었을 겁니다.

'젠장, 그럼 뭘 먹고 살라고?'

투석 전에도 그랬지만 투석 중에도 마찬가지로, 식사 때마다 엄니랑 전쟁 아닌 전쟁을 치르곤 했습니다.

"먹어라!"
"안 먹어!"
"맛있다고 생각하고 먹으면 돼!"
"맛없는 걸 어떻게 맛있다고 생각해!"
"맞고 먹을래? 그냥 먹을래?"
"안 맞고 안 먹을래!"
"굶다가 죽을래? 아니면 먹고 살래?"
"살 거지만 안 먹어! 못 먹어! 맛없어! 퉤퉤!"
"이놈이 어디서! 밥상 앞에서 줘 터져야겠니?"
"잘못했어요. 엉엉엉!"

매번 울면서 억지로 먹거나 아니면 물에 말아서 대충 먹곤 했습니다. 한창 잘 먹어야 할 어린 나이에 맛없는 무염식을 먹어야 한다는 게 정말 곤욕이었죠. 지금 생각해도 눈물…보다는 오바이트가 쏠리네요. 웁!

제대로 못 먹는 제가 안쓰러웠는지 가끔은 엄니께서 깍두기 하나를 물에 씻어서 32등분(?)을 해서 주셨습니다. 32등분이라…. 제 엄니지만 정말 대단하십니다, 하하하. 눈곱만한 깍두기였지만 얼마나 맛나던지 저는 아끼고 아껴가며 먹었습니다.

어린 나이에 투석을 하면서 그나마 유일했던 낙이 있다면, 투석하는 동안은 어느 정도 먹는 게 허락된다는 거였습니다. 그래서 투석하는 날이면 엄니께서 조그마한 도시락 통에 과일을 싸 주셨고, 저는 투석 중에만 과일을 먹을 수 있었죠.

그리고 점심으로 시켜 주시던 1300원짜리 햄버그스테이크 도시락! 햄버그스테이크에 딸랑 밥이랑 샐러드뿐이었지만, 유일하게 먹을 수 있는 일반식이었기에 짭조름한 그 소스 맛이 정말 기똥찼습니다. 크크큭. 지금 생각해도, 여태껏 먹어본 햄버그스테이크 중에서 단연 최고였습니다.

어린 나이에 힘든 투석을 하면서도 잘 버틸 수 있었던 건, '투석하는 동안은 마음껏(?) 먹을 수 있다'는 낙이 있었기 때문일지도 모르겠습니다.

• 이식기 – 먹을 게 아니면 죽음을!

혈액투석 1년 후, 초등학교 4학년이 되던 해에 어머니의 신장을 이식받았습니다. 그리고 이식 환자라면 꼭 먹어야 하는 스테로이드제를 먹었는데, 이놈의 스테로이드 부작용이라는 게 얼굴을 호빵맨(?)으로 만드는 점도 있지만 주체할 수 없는 식욕이…. 먹어도 먹어도 돌아서면 배고픔에서 벗어날 수 없게 만들었지요. (요즘 스테로이드는 종류도 많고 성능도 좋아져서 이 정도까지의 부작용은 생기지 않는 것 같더군요.)

수술 후 회복기에 접어들어 식사를 할 수 있게 되자 그렇게 싫었던 병원밥이 어찌나 꿀맛인지, 식사 시간만 되면 병실 문밖으로 얼굴을 빼꼼 내밀고 밥차(?)가 오기만을 기다렸습니다. 물론 밥을 다 먹고도 왠지 아쉬워 괜히 수저만 쭉쭉 빨 때가 다반사였습니다.

그리고 퇴원 이후 식사 때마다 또 엄니랑 전쟁 아닌 전쟁을 벌였습니다.

"그만 좀 먹어라."
"쫌만 더 먹을게!"
"벌써 두 그릇째다!"
"겨우 두 그릇밖에 안 먹었는데… 치!"
"너 밥 먹은 지 이제 한 시간밖에 안 됐다."
"배고파. 간식 같은 거 없어요?"
"지금 니 밥그릇이 아빠 밥그릇이다!"
"그럼 반만 더 줘요."
"너 하루에 다섯 끼씩 먹는다는 거 알고 있니?"
"칫! 겨우 다섯 끼뿐인데."

그렇습니다. 열한 살밖에 안 된 제 밥그릇이 아부지 밥그릇하고 크기가 같았습니다. 아부지께서도 처음엔 어이없어 하셨지요. 그리고 저는 아부지처럼 고봉밥을 안 주는 게 늘 불만이었습니다. 크크큭.

예전엔 '먹어라, 먹어라' 해도 안 먹던 저였는데 이젠 '먹지 마라, 먹지 마라' 해도 몰래 찾아 먹으니, 어떻게 사람이 이렇게 180도로 변할 수가 있는 건지 부모님께선 정말 의아해 하셨습니다.

그리고 학교에 다시 다니면서 도시락도 제일 큰 걸로 가지고 다녔고, 집에 돌아오면 신발도 벗기 전에 "엄마, 배고파!"를 먼저 외치곤 했습니다. 언제나 굶주린 하이에나처럼 눈에 불을 켜고 오직 먹을 것만 찾아다녔죠. 하하하.

시간이 지나면서 스테로이드 양을 조금씩 줄이자 주체할 수 없던 식욕도 점차 주체할 수 있게(?) 되었습니다. 하지만 밥그릇 크기는 여전히 그대로였지요. (그래도 어머니께서는 이때가 가장 행복하셨다고 합니다. 흑흑!)

• 복막투석기 – 배고픈데 배부르다!

신장이식 수술을 했을 땐 이식하면 다 낫는 줄 알았는데, 수술한 지 6년이 지나고 거부 반응이 생겨서 다시 투석을 하게 되었습니다. 당시에는 거부 반응을 막을 방법이 없었지요. 결국 다시 혈액투석을 시작했고, 또다시 식이요법을 하면서 전쟁 아닌 전쟁을 해야 한다는 생각에 눈앞이 깜깜했습니다. 아직 주체 못 할 식욕의 여파가 남아있는 상태인데 말이죠. 흐흑!

그렇게 하루하루 절망적인 나날을 보내고 있을 무렵, 투석실 수간호사님이 저에게 복막투석을 권하시더군요. 엄니 또한 학교 문제로 복막투석을 해보자고 하셨지만, 저는 학교고 나발이고, '복막투석이 혈액투석보다 식이요법 면에서 자유롭다'는 말에 묻지도 따지지도 않고 복막투석을 하겠다고 했습니다.

복막투석은 복부에 카테터를 심어 이를 통해 복막액을 넣고, 일정 시간 후 넣어두었던 복막액을 뺀 뒤 다시 새로운 복막액을 넣는 방법으로, 이것을 하루 네 번씩 반복합니다. 집에서 투석이 가능하기 때문에 병원에 안 가도 되고, 학교 양호실에서도 투석이 가능하다는 장점이 있었습니다.

그렇게 해서 배에 복막 카테터를 심는 수술을 하고 투석 방법과 식이요법을 배운 뒤 퇴원까지는 잘 했는데…. 문제는 뱃속에 약 2리터의 복막액을 넣고 다녀야 하기에 항상 배가 성난 복어처럼 빵빵하다는 것이었습니다. 10대 청소년이 중년 아저씨 똥배처럼 배가 빵빵하니 몸도 무겁게 느껴지고 체형도 이상하게 변하는 것 같았습니다. 그러다 어느 날은 '이건 아닌데'라는 생각이 들면서 우울해지기도 했습니다.

하지만 더 문제인 건 배가 빵빵하다고 위장까지 빵빵한 건 아니니 '배는 고픈데 배가 불러'서 먹지를 못 하겠더군요. (특히 수박 한두 조각만 먹으면 숨을 쉴 수 있다는 게 얼마나 행복한 일인지를 알게 됩니다. 크크큭.) 배는 꼬르륵거리며 밥 달라고 아우성인데 들어갈 자리(?)가 있어야 밥을 먹든가 말든가 하죠. 식이요법이 자유로우면 뭐합니까, 먹지를 못하는데. 쯧! 결국엔 복막투석을 괜히 했다는 생각까지 들었습니다.

그렇게 복막투석 초기 때는 먹는 것 때문에 고생을 했지만, 시간이 지나면서 점차 복막투석에 적응을 하였습니다. 역시 인간은 적응의 동물이라는 말이 맞는 것 같네요. 하하하. 먹는 것도 잘 먹게 되면서 숨통이 트이고 나니 또 식이요법은 뒷전. 나 몰라라 했습니다. (아무래도 저는 나이롱 불량(?) 환자가 맞는 것 같습니다.)

게다가 직장을 다니고 나서부터 외식을 자주 하다 보니 복막투석도 잘 안 되고 몸도 많이 부어서 고농도 복막액을 쓰게 되었습니다. 그러다 복막 합병증으로 죽을 고비를 넘기고 10년 만에 복막투석을 접었습니다.

• 혈액투석 2기 – 나만의 식단을 찾아서

결국 돌고 돌아 다시 하게 된 혈액투석. '이젠 끝이구나'라는 생각이 들었습니다.

'안녕 달달한 과일들아. 안녕 맛난 외식들이여. 사람은 채소를 먹어야 한다는데, 미안하구나 채소들아. 가끔 즐기던 라면도 이젠 안녕. 너희들을 영원히 잊지 않으마. 크흑!'

앞으로는 먹고 싶은 걸 못 먹게 된다는 생각에 삶의 의욕도 떨어지고, '이젠 무슨 낙으로 사나' 싶었습니다.

다시 혈액투석한 지 얼마 지나지 않아 수간호사님이 개인병원 투석실을 권유하셨습니다. 중환자, 입원환자들이 많아서 투석실 자리가 부족하다고요. 개인병원 투석실은 처음이라 별로 내키지 않았지만 어쩌겠습니까? 자리가 부족하다는데. 하긴 혈액투석하면서 회사에 다니려면 가까운 개인병원이 훨씬 낫겠지요.

그리하여 난생 처음으로 개인병원 투석실에 갔습니

다. 뭐, 대학병원과 크게 다를 게 없더군요. 아니 시설만큼은 개인병원이 더 나은 것 같았습니다. 그러나 투석하는 첫날, 충격적인 장면을 보고 말았습니다. 맞은편에서 투석하던 환자가 짬뽕을 먹고 있는 것이 아니겠습니까? '아니, 저 짜고 매운 짬뽕을 먹어도 된단 말인가!' 하는 의구심이 들어 당장 간호사한테 물어보았습니다.

"혈액투석 환자인데 저런 걸 먹어도 돼요?"

"뭐, 안 되긴 하지만 환자가 원하시니까 시켜드린 겁니다. 국물만 안 먹으면 가끔은 괜찮아요."

그러고 보니 여기 환자들은 다들 근처 식당에서 김치찌개, 된장찌개, 비빔밥, 라면 등 이것저것 시켜 먹고 있더군요.

'이런! 말도 안 되는 시추에이션은 도대체….'

갑자기 혼란이 오더군요. 어릴 적에 분명 저런 건 먹으면 안 된다고 세뇌교육을 받았는데…. 눈앞에서 벌어지는 일들이 믿기지 않았습니다.

'다들 죽으려고 환장했나? 아니면 혈액투석 환자라는 걸 망각하고 있나?'

다시 한번 의사샘한테 물어보았습니다.

"수분 조절 잘하고, 칼륨이나 인이 높은 음식만 조심

하면 어느 정도는 먹어도 괜찮습니다. 사람이 먹어야 살지. 껄껄껄."

아, 젠장! 내가 수간호사님한테 속은 건가? 아니, 완전 속았다는 생각이 들었습니다. 혈액투석 환자도 검사 수치나 몸 상태에 따라 조절하면서 어느 정도는 먹어도 된다고 합니다. 어릴 적 그렇게 세뇌교육을 시키던 수간호사님이 저에게 구라(?)를 친 거였습니다.
'아, 바나나를 먹어도 죽는 건 아니구나!'
갑자기 밀려오는 배신감과 허탈함. 다시 혈액투석을 시작하면서 했던, '식이요법에 대한 고민들이 쓸데없는 거였구나'라는 생각이 드니 갑자기 속에서 '욱!' 하고 올라왔습니다. 그래서 당장 간호사를 향해 외쳤지요.
"간호사님, 여기 순두부찌개 하나욧!"

어릴 적부터 세뇌교육을 엄하게 시킨 이유가 다 있었습니다. 엄하게 교육받아야 성인이 되어서도 스스로 관리를 잘한다고 합니다. 성인이 돼서 교육을 시키면 말을 잘 안 듣는 경우가 많고, 결국 응급실로 실려가는 일도 태반이라고 합니다.

저는 수간호사님 덕분에 다행히, 먹는 걸로 응급실에 간 적은 아직 없습니다. 지금은 철저한 식이요법을 하고 있지는 않지만, 적어도 저만의 룰에 따라 기본만큼은 지켜가며 먹고 있습니다. 빡빡한 식이요법을 다 지키느라 잘 먹지 못하면, 검사 결과는 좋을지 모르겠지만 거울 앞에 좀비 아닌 좀비(?)가 서 있을지도 모릅니다. 차라리 잘 먹으면서 검사 수치를 관리하는 편이 낫습니다.

투석이란 게 그날 뺄 수 있는 만큼 최대한 빼내기 때문에 체력이 받쳐줘야 합니다. 그러니 일단은 잘 먹어야겠지요. 식이요법은 그 다음 문제라고 생각합니다. 세상엔 맛난 음식들이 차고 넘치는데 우리 환우들이 먹을 수 있는 건 너무 제한적이라 정말 억울하지요. 흐흑!

먹고 싶은 걸 다 먹을 수는 없겠지만, 자기만의 룰을 찾으면 그 범위 안에서 어느 정도는 가능하다고 생각합니다. 잘 먹되 수치가 올라가면 해당 음식을 좀 줄이고 수치가 내려가면 또 잘 챙겨먹는 방식으로, 자신에게 맞는 방법을 찾으면 어떤 음식을, 어떻게, 어느 정도 먹어야 하는지 알고 관리할 수 있습니다.

투석실 의사 선생님이 얘기했듯이 사람이 먹어야 살지요. 먹는 것 때문에 스트레스를 받다 보면 오히려 그게 더 건강을 해칠 수 있습니다. 그러니 먹을 땐 맛있게 먹고(물론 자기 몸에 맞게), 맛이 없어도 먹을 수 있다는 것에 감사하며, 언젠가는 우리도 때깔 좋은 날이 오기를 기대해 봅니다. 먹고 죽은 귀신은 때깔도 좋다고 하잖아요. 하하하.

오늘도 때깔 좋기를 바라며 맛있는 걸 찾아 헤매는 나이롱 불량환자 피터

수술 이야기, 둘

인생 2회차,
신장 이식 수술을 받은 날

1987년 3월, 저는 어머니의 신장을 이식받았습니다. 벌써 38년 전 일이라 기억이 가물가물한데, 당시 서울대학교 어린이병원이 생긴 이래 두 번째 소아 신장 이식 환자였습니다. 제 기억이 맞는다면요.

그 시절, 신장병이 뭔지도 모르던 때라 외할아버지와 외할머니께서는 "쟤는 사람 되긴 글렀다. 그냥 포기해라" 하며 이식 수술을 반대하셨습니다.

뭐, 외손자보다 딸이 더 소중하셨던 거겠죠. 천번 만번 이해합니다.

하지만 딸에게도 자기 자식이 소중하기에 어머니는 기꺼이 당신의 신장 하나를 저에게 내어주셨습니다. 젊은 나이임에도 큰 수술을 결심하셨겠죠. 그때 어머니 나이는 서른여섯이었습니다.

어머니의 그런 마음을 알 리 없던 저는(당시 초등학교 4학년) 수술이 아프고 자시고 간에 이제는 더 이상 투석을 하지 않아도 된다는 생각만으로 마냥 좋기만 했습니다.

입원 첫날, 병원 밥이 투석식이 아닌 일반식으로 나왔습니다! 그동안 먹어보지 못했던 짭조름한 감칠맛. 맨날 가족들과 따로 앉아 맛없는 무염식만 먹던 제가 처음으로 맛있는 일반식을 만끽했습니다. 금세 밥 한 공기를 뚝딱했죠. 흐흐흐!

시간이 오래 지나 어머니께서 지나가는 말로 저에게 말씀하신 적이 있습니다.

"혹시 수술이 잘 안 될까 싶어 마지막으로 밥이라도 맛있게 먹이고 싶었다."

흑흑! 엄니!

제 기억에 당시 신장 이식은 두 번 수술을 했습니다. 첫 번째는 환자의 신장을 제거하는 수술, 두 번째는 기증자의 신장을 이식하는 수술이었죠. 그런데 의사 선생님께서 제 신장은 '여과 기능은 없지만 성장에 영향을 미치는 호르몬 기능이 조금 남아 있으니 제거하지 않겠다'고 하시더군요. 결론은 전 수술을 한 번만 하면 된다는 것. 아싸!

그 덕분에 소아 신장 이식 환자 치고는 키가 많이 자랐습니다.

그리고 수술 당일, 어린 마음에 저는 이렇게 기도했습니다.
"저는 어찌돼도 상관없으니 엄마만 꼭 살려주세요."
지금 생각해 보면, 이식을 해도 끝나는 게 아니라는 걸 어렴풋이 알았는지도 모르겠습니다. 그렇게 수술실에 들어가 전신마취 후 깊은 잠에 빠졌습니다.

얼마의 시간이 흐른 뒤 눈을 떴을 땐 회복실에 누워 있었습니다. 아직 마취가 덜 풀려서 정신은 몽롱했지만, 온몸이 천근만근이고 여기저기 쑤시는 데다가 특히 수술 부위가 불에 데인 것처럼 화끈거렸습니다. 어린 나이에 생전 처음 겪어보는 고통이었지만 이를 악물고 버텼습니다.

하루 뒤 일반 병실로 올라와, 수술 후 반드시 겪어야 할 과정인 기침과 호흡 운동을 시작했습니다. 폐렴 예방을 위해 가래 배출을 해야 하기 때문에 간호사가 억지로 기침을 시켰습니다. 문제는 기침할 때마다 복부에 느껴지는 통증이 정말… 아흑!

그리고 쪼그라든 폐를 펴주기 위해 작은 플라스틱 공이 들어 있는 호흡기(인스피로미터)를 이용해 들숨으로 최대한 공을 들어올려야 하는데, 숨 쉬기도 힘든 처지에 하루에도 몇 번씩 하려니 참으로 고역이었습니다.

마지막으로, 제 기억에 강렬히 남아 있는 면역억제제인 산디문의 맛! 매일 아침저녁 하루 두 번씩 코로 약을 투여하던 그 끔찍한 경험은 지금도 잊을 수 없습니다. 우웩! 면역억제제는 이식 환자라면 평생을 먹어야 하는데, 당시에는 산디문이 유일한 면역억제제였습니다.

그래도 다행히 수술 결과는 아주 좋았습니다. 검사 수치도 괜찮고 소변도 잘 나왔죠.

일반 병실로 올라온 다음 날, 큰 수술 때문에 저는 침대에서 꼼짝도 못 하고 있었는데 어머니께서는 커다란 링거 주사를 꽂은 채 휠체어를 타고 저를 보러 오셨습니다. 어머니도 힘드셨을 텐데…. 어머니는 제 손을 잡고, "이제 끝이다. 다 잘됐대" 하며 흐느껴 우셨습니다. 저도 따라서 울었죠. 이제 행복한 날만 시작될 것 같았습니다.

며칠이 지났을 때, 배 속에서 이상한 느낌이 들었습니다. 수술한 부위에서 뭔가 빠진 것 같은 불편한 감각…. 의사 선생님께 말씀드렸더니 당장 검시를 하자고 하시더군요. 결과는 충격적이었습니다. 뭔가 문제가 생겨 재수술을 해야 한다는 것이었습니다. 수술은 한 번만 한다더니 이게 무슨 날벼락!

어머니의 증언에 따르면, 그날 저는 하루 종일 "수술 한 번만 한다고 해놓고, 씨!"라며 계속 울먹였다고 하네요. 결국 다시 수술을 받았고 통증, 기침, 호흡 운동을 처음부터 다시 시작했습니다. 젠장! (리바이벌은 진짜 싫어요.)

그래도 나이가 어렸던 덕분인지 회복이 빨라서 어머니는 열흘만에, 저는 3주 만에 퇴원했습니다. 처음엔 감염을 조심하라고 해서 석 달 동안은 집 밖으로 한 발짝도 못 나갔고, 6개월 동안은 항상 마스크를 쓰고 지냈으며, 학교도 1년 뒤에 갔습니다. 그리고 이제는 더 이상 무염식을 할 필요도, 일주일에 세 번씩 투석하러 병원에 안 가도 된다는 것에 너무나도 기뻤습니다.

퇴원 후 스테로이드 약인 피디 때문인지 입맛이 장난이 아니었습니다. 초등학교 4학년 꼬맹이였던 제 밥그릇이 아버지 밥그릇과 같았고 매 끼니 두 그릇 이상 먹었습니다. 이제는 맛없는 무염식을 먹지 않아도 되었죠. 김치에 김만 있어도 밥맛이 꿀맛이었습니다. 심지어 우유에 타 먹는 산디문 약조차 맛나더군요. 투석할 때는 항상 맛없는 밥을 안 먹겠다고 어머니와 실랑이를 벌였는데, 수술 이후로는 그만 먹으라고 옥신각신했습니다.

어머니와 저는 이식 후 5년 만 지나면 다 끝날 줄 알았습니다. 하지만 이식 7년째, 아쉽게도 어머니가 주신 소중한 신장은 더 이상 제 기능을 하지 못했습니다. 의사 선생님으로부터 다시 투석을 해야 한다는 말을 들었을 때, 너무 절망스러운 나머지 분노하며 "내 병도 못 고치면서 무슨 의사냐!"고 소리를 질렀습니다.

지금 돌아보면, "고놈 성깔 참…" 하며 씁쓸해하시던 의사 선생님께 정말 죄송한 마음이지만, 당시에는 다시 투석을 해야 한다는 말이 마치 사형선고처럼 들렸습니다. 그때의 6년이 제 생애 가장 건강했던 시간이었고, 우리 가족이 가장 행복했던 시간이었습니다.

그리고 지금 저는 다시 혈액투석을 하고 있습니다. 재이식 순위는 전국 1~2위지만 항체 수치가 높아 가능성은 희박합니다.

그럼에도 제 삶이 불행하다고 생각하지 않습니다. 그 후로도 몇 번의 죽을 고비를 넘겼기에, 이렇게 살아있는 것만으로도 감사하며 지내고 있습니다. 살아있기에 학교도 졸업하고, 직장도 다니고, 가정도 꾸리고, 하고 싶은 것을 하며, 할 수 있는 그 모든 것에 감사하고 있습니다.

비록 아직은 병마와 싸우고 있는 몸이지만, 곁에 있는 가족들을 위해 희망을 놓을 수 없네요. 언제 끝날지 모르는 이 싸움, 저는 아직 포기하지도 지지도 않았습니다. 희망은 포기하지 않는 사람에게 언젠가는 찾아오리라 믿으니까요.

마지막으로, 신장 이식 수술을 하신 분들께 드리고 싶은 말씀이 있습니다.

안타깝지만, 이식받은 신장은 내 것이 아니기에 언젠가 거부 반응이 오게 됩니다. 하지만 문제는 그게 언제인지 아무도 모른다는 거죠. 이식도 완치가 아니라 투석과 마찬가지로 또 다른 신장병 치료 방법일 뿐입니다. 그러니 어렵게 받은 신장을 잘 유지하셔야 합니다.

특히 스트레스 관리가 정말 중요합니다. 살면서 스트레스를 받지 않을 수는 없지만, 면역억제제를 평생 먹어야 하는 우리 같은 사람들은 건강한 사람들보다 스트레스에 더 취약합니다.

같은 상황도 어떻게 받아들이느냐에 따라 달라질 수 있습니다. 무엇이든 마음가짐이 중요하니까요. 스트레스가 만병의 근원이라는 말, 절대 틀린 말이 아닙니다.

40년 투병 생활의 짬밥으로 드리는 말씀입니다.

그럼에도 불구하고… 낭만(?) 피터

나 자신을 위해서가 아니라
나 때문에 평생 마음 편할 날이 없었던 어머니를 위해,
그리고 가족들을 위해서라도 악착같이
'살아야 한다'는 생각만 했습니다.
그렇게 살고자 하는 마음이 커서 그랬는지,
몇 번을 쓰러져도 다시 일어섰던 것 같습니다.

언제 끝날지 모르는 이 싸움,
저는 포기하지도 지지도 않았습니다.
희망은 포기하지 않는 사람에게
언젠가는 찾아오리라 믿으니까요.

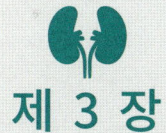

제 3 장

긴 터널을 함께 걸어준 소중한 사람들 그리고 추억

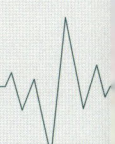

1.
어머니, 어머니, 나의 어머니

투병 생활이 길어질수록 환자 본인도 힘들지만 그걸 옆에서 지켜보는 가족 또한 많이 힘들죠. 고통스러워하는 환자를 보며 아무것도 해줄 수 없다는 것과 대신 아파해 줄 수도 없다는 사실이, 환자 못지않게 가족에게도 큰 고통일 겁니다.

제 어머니도 그러셨습니다. 자식이 아파하는 모습을 보며 가슴이 얼마나 아프셨을까요? 고통스러워하는 어린 자식, 심지어 죽을 고비를 몇 번이나 간신히 넘기는 아들을 어머니는 단 한 순간도 포기하지 않으셨습니다.

그렇다고 제 투정이나 응석을 받아주시는 일도 없었죠. 장애가 있는 아들이기에 나중에 사회에 나가 사람구실 못 할까 봐 엄하게 대하셨습니다.

그런 어머니 덕분에 지금의 제가 있다고 생각합니다. 어머니는 제 앞에서는 늘 엄하셨지만 돌아서서는 저 때문에 눈물을 흘리시는 여린 분이었습니다.

여섯 살 때 신장병 진단을 받고 점점 신장이 망가지면서 조금만 걸어도 숨이 차던 저를, 어머니는 매일같이 업어서 초등학교에 등교시켜 주셨습니다. 그리고 서울의 큰 병원에서 치료받게 하기 위해 우리 가족은 부산에서 서울로 이사를 결정했습니다. 저 하나 때문에 가족 전체가 고향을 떠나게 된 거죠.

초등학교 3학년이 되면서 제 신장은 더 이상 기능을 하지 못해 투석을 시작할 수밖에 없었습니다.

투석을 시작한 지 한 달쯤 되었을 때, 수간호사가 어머니에게 이제 따라오지 말고 저를 혼자 보내라고 했습니다. 평생 관리해야 하는 병이니 어릴 때부터 스스로 관리하는 법을 배워야 한다면서요. 이후 어머니는 저를 투석실에 혼자 보내셨습니다. 이제부터 조금씩 스스로 해 보라고 하시면서요.

그리고 초등학교 4학년 때, 어머니는 당신의 소중한 신장을 저에게 주셨습니다. 주사 맞는 것도 무서워하시던 분이 저를 위해 그 큰 수술을 결심하셨습니다. 당시 어머니의 나이는 서른여섯이었습니다. 지금 이 글을 쓰고 있는 저보다도 한참 어린 나이였죠. 그날 이후 저와 어머니는 두 번째 삶을 살게 되었습니다.

그때는 신장 이식만 하면 모든 것이 끝나고 신장병에서 해방될 줄 알았습니다. 관리를 어떻게 해야 하는지도 잘 알지 못했고 단지 면역억제제만 잘 챙겨 먹으면 된다고 생각했습니다.

그러나 6년이 지나 거부 반응이 왔고 저는 다시 투석을 해야 했습니다. 이 사실이 제게 너무나 큰 절망이었기에… 그래서 처음이자 마지막으로 나쁜 마음을 먹었습니다. 아무래도 죽어야만 지긋지긋한 이 병에서 벗어날 수 있을 것 같아 스스로를 포기했습니다.

다시 투석을 시작한 뒤로는 언제 죽을지, 어떻게 죽을지만 고민했습니다. 이렇게 사는 것이 절망스러웠고 또다시 가족들에게 짐이 되는 것을 견딜 수가 없었습니다. 저로 인해 가족들이 슬퍼하는 모습도 보고 싶지 않았습니다. 그때가 중학교 3학년 겨울이었습니다.

그런 고민을 하며 하루하루 무기력하게 지내던 어느 날, 안방에서 통곡하며 기도하시는 어머니의 모습을 보았습니다.

"제발… 제발… 불쌍한 제 자식을 살려주시고, 차라리 저를 데려가세요."

어머니는 같은 말을 반복하며 하염없이 울고 또 기도하셨습니다. 그 모습을 보는 순간 제 마음이 무너졌습니다. 어머니는 저를 위해 저렇게 통곡하며 기도하시는데 저는 죽을 생각만 하고 있었으니…. 정말이지, 제 자신이 죽도록 미웠습니다. 흐흐흑.

그날 이후로 아무리 힘들고 고통스러워도 죽고 싶다는 생각은 눈곱만큼도 하지 않았습니다. (아니, 딱 한 번, 재작년에 심정지가 온 후 너무 괴롭고 힘들어서 이제는 그만하고 싶다는 생각을…. 이 이야기는 뒤에서 다시 하죠.)

수십 번의 수술을 하고 복막이 망가져 다시 혈액투석을 하게 되었어도, 합병증으로 몇 년간 음식을 제대로 못 먹는 고통스러운 시간을 보내면서도, 의사들조차 포기할 만큼 큰 수술을 받았을 때도 오히려 더욱 강하게 '살아야 한다. 꼭 살아야 한다'라고 생각했습니다.

나 자신을 위해서가 아니라 나 때문에 평생 마음 편할 날이 없던 어머니를 위해, 그리고 가족들을 위해서라도 악착같이 '살아야 한다'는 생각만 했습니다. 그렇게 살고자 하는 마음이 커서 그랬는지, 몇 번을 쓰러져도 다시 일어섰던 것 같습니다.

어머니는 당신이 슬퍼하시면 제가 약해질까 봐 제 앞에서는 언제나 강한 모습만 보이셨습니다. 그러나 늘 저 몰래 뒤돌아서 우신 날들이 많았습니다. 그리고 저에게 "너는 비록 아프지만 그건 단지 사는 데 조금 불편할 뿐이야"라고 말씀하시며, 남들이 하는 것은 뭐든 다 하게 해주셨습니다. 그런 어머니 덕분에 아픈 몸으로도 학교에서, 직장에서 잘 버텨낼 수 있었습니다.

시간이 흘러 이제는 제 곁에 아내가 있고, 어머니께

서는 초기 치매 상태라 조금 전 한 말씀도 잊어버리시지만, 아직도 일주일에 서너 번씩 전화해서 "몸은 괜찮니?", "열심히 걸어라", "잘 챙겨 먹어라" 하고 잔소리를 하십니다.

평생을 자식 걱정만 하며 사셨으니 이제는 당신의 인생을 즐기셨으면 좋겠는데, '어머니'라는 이름은 그게 잘 안 되나 봅니다.

지금껏… 그리고 앞으로도… 악착같이 살고픈 피터

2.
내 동생은 맛있게…
나쁜 놈

집안에 아픈 자식이 있으면 부모의 신경은 대부분 그 자식에게로 쏠리기 마련입니다. 그러다 보면 나머지 형제자매는 상대적으로 관심을 덜 받을 수밖에 없죠. 그래서 환자 본인과 부모 다음으로 상처받기 쉬운 대상이 형제자매가 아닐까 싶습니다.

저에게는 한 살 어린 남동생이 있습니다. (정확히는 21개월 차이죠.) 제 동생도 저로 인해 희생 아닌 희생을 감내해야 했습니다. 어릴 적 제가 입원이라도 하면 동생은 어쩔 수 없이 이모나 고모 집을 전전해야 했습니다.

그래서인지 커갈수록 말수가 점점 줄어들더군요. 말수가 적은 건 지금도 여전하지만, 그래도 아무 사고 없이 건강하게 자라준 것만으로도 다행입니다.

• 맹탕 라면

초등학교 1학년 때였습니다. 이미 신부전 진단을 받아 식이요법으로 힘든 시절을 보내고 있었습니다. 초등학생 꼬맹이가 식이요법에 대해 알면 얼마나 알겠습니까! 맨날 저만 맛없는 무염식으로 밥을 먹으려니 죽을 맛이었죠. 게다가 저희 집은 할아버지, 할머니, 고모들까지 함께 사는 대가족이라, 저 하나 때문에 가족 모두가 제 식단에 맞출 수는 없는 상황이었습니다. 결국 저만 따로 차려진 밥상에서 혼자 맛없는 밥을 억지로 먹곤 했습니다. (이때부터 성질이 더러워졌다는 후문이… 쿨럭!)

가끔은 그런 손주가 안쓰러웠는지, 할머니께서 몰래 김치 한 조각이라도 물에 씻어서 주면 고모들이 '애 죽일 일 있느냐'며 난리가 났죠. (우이씨!) 물론 저를 위해서 그랬다는 건 알지만 그때는 어찌나 원망스럽던지….

그럴 때마다 당시 고등학생, 대학생이었던 고모들 교

과서에 낙서를 해서 멋지게 복수했습니다. (한 성깔 하는 조카였지요. 하하하.) 뭐, 그럴 때마다 뒤지게 맞았지만요. 그렇게 항상 밥상 앞에서 식구들과 전쟁 아닌 전쟁을 치르곤 했습니다.

그러던 어느 날, 학교를 마치고 집에 왔는데 엄니랑 동생 둘이서 라면을 먹고 있었습니다. 엄니는 절 보자마자 눈치가 보였는지 다 먹지도 않은 라면을 바로 치우셨지만, 동생 녀석은 계속 맛나게 라면을 먹고 있었습니다. 전 책가방을 집어던지고 동생 옆에서 딱 달라붙어서 계속 군침을 흘리며 질문을 했습니다.
"맛있냐? 무슨 맛이야?"
"응… 맛있어." 후루루룩 냠냠!
이 눈치도 없는 동생노무스키 같으니. 뻔히 형이 맵고 짠, 특히 라면은 더… 먹으면 안 되는 거 알면서 그렇게 맛나게 처먹고 있네요. 쯧!

그걸 보시던 엄니께서 말씀하셨습니다.
"그만 쳐다보고 너도 밥 먹어라."
"싫엇! 나도 라면 먹고 싶어! 맛없는 밥 먹기 싫어."

"안 되는 거 알면서 그런 말 할래? 도대체 뭘 해줘야 밥을 먹을래? 잘 좀 먹어야 건강해지지, 이 웬수야!"

"딱 한 번만! 그냥 면만 끓여줘도 돼. 응? 응? 스프 안 넣어도 돼. 그럼 밥 잘 먹을게. 진짜, 약속!"

1년 넘게 식구들이 라면 먹는 걸 구경만 하면서 얼마나 먹고 싶던지…. 딱 한 젓가락만 먹으면 소원이 없겠다 싶었습니다. 엄마께서 한숨을 내쉬며 저를 빤히 바라보셨습니다. 뻔히 안 되는 걸 알지만 자식이 저렇게 먹고 싶어 하니 마음이 약해지셨던 것 같습니다.

"그럼 스프는 안 넣는다. 이번이 마지막이다."

"응!"

이제 겨우 일곱 살인 아들이 그동안 먹고 싶은 것도 맘대로 못 먹는 게 불쌍했는지, 엄마께서는 너구리 순한맛 라면을 끓여 주셨습니다. 물론 스프를 아예 안 넣은 맹탕 라면이었지만 그 맛은 정말 환상 그 자체였습니다.

"엄마, 이거 진짜 맛있다." 후루루룩!

"야야, 그거 다 먹지 마. 반만 먹어. 엇! 이놈이!"

"잠깐, 잠깐! 아직 두 젓가락밖에 못 먹었어."

모자가 라면 냄비 하나 붙잡고 옥신각신. 저는 한 젓가락이라도 더 먹으려고, 엄니는 한 젓가락이라도 못 먹게 하려고 서로 눈에 불꽃을 튀며 실랑이를 했습니다.

그날 그 라면 맛이 어찌나 감동의 도가니탕이었는지, 아직도 그 맛을 잊지 못하고 있습니다. 아마도 제가 죽을 때까지 잊지 못할 것 같습니다. 물론 지금 그 맹탕 라면을 먹으라면… Oh, Shit! 절대 못 먹을 것 같습니다!

• 한 입만!

제가 초등학교 3학년, 동생이 초등학교 2학년 때의 일입니다. 당시 저는 혈액투석을 받고 있어서 맛없는 식이요법을 해야 했고, 동생은 저 때문에 항상 몰래 먹어야 했죠.

어느 날 낮잠을 자고 일어났는데 엄니는 안 보이고 동생이 마루에서 뭔가를 먹고 있었습니다. 제가 다가가자 동생은 깜짝 놀라서 휙 돌아앉더군요.

'저노무스키가!'

동생이 먹고 있던 건 수박이었습니다. 투석하는 날에만 어쩌다 맛만 볼 수 있던 그 수박! 순간 눈이 돌아갔습니다. 흐흐흐.

"야, 나 한 입만."

"안 돼! 엄마가 형 먹으면 큰일 난다고 절대 주지 말라고 했어!"

"한 입 정도는 괜찮잖아. (엄니 없잖아! 쨔샤!) 딱 한 입만 먹을게. 응? 응?"

"그럼 딱 한 입만 먹어." (역시나 마음 여린 동생입니다. 흐흐흐.)

"엉. 딱 한 입만 먹을게."

그리고 저는 입을 최대한 크게 벌려, 세 입 같은 한 입을 베어 물었습니다. 동생의 표정이 일그러졌고… 그 순간 엄니께서 들어오셨습니다.

Oh My God!

형제의 범행 현장이 딱 걸린 겁니다. 동생은 겁을 먹은 채 얼음이 됐고, 저는 먹던 수박을 도로 뱉으면서 허겁지겁 말했습니다.

"엄마, 그게 아니고… 그냥 맛만 봤어, 맛만. 헤헤헤."

당근 이딴 변명 따위는 엄니한테 안 통합니다. 게다가 현장을 딱 걸렸으니 얄짤없죠. 그날 동생은 형에게 주지 말라는 걸 줬다고, 저는 먹지 말라는 걸 먹었다고 비 오는 날 먼지 나게 맞았습니다. 흑흑.

그러고 나서 엄니는 방에 들어가 우셨습니다. 아픈 자식 때문에 다른 자식조차 마음껏 못 먹이니 오죽이나 가슴이 아프셨겠습니까. 지금도 가끔 수박 먹을 때면 그때 엄니께서 우시던 뒷모습이 생각나 목이 멥니다.

저 때문에 항상 눈치 보며 먹어야 했던 동생은 저의 갖은 구박과 갈굼을 꿋꿋하게 견디며 잘 자라주었습니다. 모범생은 아니었지만 그렇다고 사고 치고 다니는 문제아도 아니었습니다. 비록 저 때문에 부모님의 관심을 제대로 받지 못했지만, 무뚝뚝하면서도 제가 아플 땐 항상 걱정해 주는 착하디착한 동생이었습니다. 그리고 그런 동생이 있기에 저는 행복한 나쁜 형입니다. (결국 나쁜 놈은 저인 것 같네요. 하하하.)

지금은 동생이 딸바보 아빠가 되었습니다. 이제는 제 눈치 보며 몰래 먹을 일은 없겠지요. 가끔 만나서 잘 먹는 동생을 볼 때면 왠지 흐뭇합니다.

> 동생 웃는 모습이 참 좋은 피터

3.
친구와 나눈
그 어느 날의 대화

2007년 그 언젠가, 늘 그렇듯 병원에서 투석을 마치고 오랜만에 친구랑 만나기로 한 약속 장소로 헐레벌떡 달려갔습니다.

"어, 왔냐?"

"늦어서 미안. 충전하고 오느라. 헥헥헥!"

친구는 약간 걱정스런 얼굴로 물었습니다.

"오늘도 병원 갔다 온 거야? 괜찮냐?"

"야, 괜찮고 자시고 간에 배고파 돌아가시겠다. 일단 밥부터 먹자!"

밥을 먹으며 친구가 조심스럽게 말을 꺼내더군요.

"그 투석이라는 거… 앞으로도 계속해야 하는 거냐?"

"뭐, 이식하기 전까지는 계속해야지. 쩝!"

"어휴! 일주일에 세 번씩, 그것도 하루 네다섯 시간씩이나 하면 안 힘드냐?"

"힘들 때도 있지만 워낙 오래 하다 보니 이제는 그러려니 하지."

친구 녀석은 한숨을 쉬었습니다.

"나 같으면 절대 못 한다. 생각만 해도… 아흑."

"난 니가 아니라서 잘하고 있으니 걱정 마라. 생각도 하지 말고. 크크크."

"그런데 넌 이식 안 하냐?"

"이식이 하고 싶다고 해서 아무 때나 할 수 있는 건 줄 아냐? 이식 신장이 땅에 굴러다니는 줄 아나 보네."

"아, 그런가?"

"누군 하기 싫어서 안 하냐고. 이식 신장이 하늘에서 뚝 떨어지는 것도 아니고 말이야. 이식받을 신장이 있어야 하지!"

"흠… 전에 어머니 신장 받았다고 했지?"

"엉. 근데 6년 지나서 거부 반응이 났지. 그래도 관리 잘 안 한 것 치고는 오래 간 거야."
"그럼, 니 동생도 있잖아. 동생한테 달라고 하면 되지 않아?"
"어이, 그게 말처럼 쉬운 줄 아냐? 신장 이식이 컴퓨터 부품 빼는 것처럼 그렇게 단순한 게 아니라니까! 말 그대로 동생 옆구리를 째서 몸에 멀쩡하게 잘 붙어 있는 신장을 떼어내는 거야. 그리고 이식한다고 해서 내 병이 완전히 낫는 것도 아니고 동생도 평생 신장 하나로 살아야 하는데, 아무리 동생이라지만 그런 말이 나오겠냐?"

친구는 쉽게 이해하지 못했죠.
"너네 어머니는 너한테 신장 하나 주셨는데도 건강하시잖아."
"그래. 어머니는 건강하시지. 헌데 내가 안 건강하잖아. 어머니께서 정말 힘들게 주셨는데 결국 이렇게 돼버린 거지. 근데 이번엔 동생한테 또 달라고 해? 때려죽여도 난 못 한다."
"그런가? 솔직히 난 이해가 안 되네. 나 같으면 주겠다. 형이 아프다는데…."
"내일 당장 죽을병에 걸린 것도 아니고, 겉으론 멀쩡

해 보이잖아. 작년까지는 아니었지만. 어쨌든 동생 놈이나 나나 별로 심각하게 생각하지 않으니, 둘 다 아무 생각이 없는 거겠지. 크크큭. 설사 동생이 준다고 해도 지금으로서 난 절대 못 받을 것 같다."

역시나 쉽게 납득하지 못하는 친구 녀석. 점점 제 입만 아파왔습니다.
"흠… 왜? 주면… 그냥 받으면 되는 거 아닌가?"
"그러니까 그게 그렇게 단순한 게 아니라니까! 넌 죽었다 깨어나도 이해 못할 거다. 그리고 울 엄니한테 아들이라곤 나랑 동생 둘뿐인데 둘이 나란히 수술실에 들어가 봐라. 울 엄니 기절하신다. 하나한테도 질릴 대로 질렸는데 나머지 하나라도 건강해야지. 하하하. 솔직히 아주 예전에 농담 삼아 동생한테 신장 하나 줄 수 있느냐고 물어보긴 했는데… 그놈이 그러더라. 가져갈 거면 지금 가져가라고. 그래야 군대 안 간다고. 푸하하하!"

그래도 친구는 갸우뚱했습니다. 아마도 건강한 친구 녀석은 쉽게 이해하지 못하겠지요.
"난 아직도…. 근데 이식하려면 서로 뭐가 맞아야 하지 않나? 혈액형이라든가…."

"혈액형이 기본이지. 그리고 조직까지 서로 다 맞으면 완전 굿이고."

친구는 뭔가 기발한 생각을 해낸 듯 순간 눈이 커지더군요.

"아, 너 B형이지? 나도 B형이잖아. 내 거 줄까?"

"니 건 줘도 안 받아! 술에 쩐 신장은 사양이다."

"야아, 농담 아냐, 진짜! 너니까 내가 주는 거다. 니가 빨리 건강해져야 나랑 술도 마시고 놀러도 가지."

"친구야, 그런 말 함부로 하는 거 아니다. 아까도 말했듯이 신장 떼어내는 건 장난이 아냐. 니가 한 고래 잡는 수술이랑은 하늘과 땅 차이라고. 게다가 하나뿐인 아들이 그런 큰 수술을 한다고 해봐라. 그건 니 어머니 가슴에 못박는 짓이야."

"그래도 난 니가 안타까워서 그러지."

"걱정 마라. 난 아직 멀쩡해. 니 무덤 팔 때까지는 절대 먼저 안 간다. 하하하."

"쩝. 그래. 그래. 내 무덤 팔 때까지 살아라. 그럼 내가 니 무덤 파줄 테니."

"어쨌든 그 마음만큼은 접수해 둔다. 혹시나 나중에 달라고 하면 딴말하기 없기다! 흐흐흐."
"걱정 마! 그때까지 매일 알코올로 소독해 둔다."
"그냥 안 준다고 그래라. 나쁜 쉐이야!"

궁금한 게 많은지 친구는 또다시 묻기 시작했습니다.
"근데 말이야, 이식 안 하고 낫는 방법은 없냐?"
"그런 게 있으면 내가 이러고 있겠냐?"
"암도 정복한다는 세상인데, 왜 그런 약은 빨리 안 나오는지 모르겠네."
"그래도 옛날에 비하면 많이 발전한 거다. 내가 처음 투석할 때는 고유량 투석이나 HDF 같은 것도 없었고, 예전엔 이식하고 먹는 면역억제제도 두 종류밖에 없었어. 게다가 보험 적용 일수도 정해져 있었고, 요즘처럼 의료비 지원 같은 건 꿈도 못 꿨지."
"고유량? H… D… 뭐?"
"그런 게 있어. 많이 알면 다쳐!"
"하여간…. 그러면 넌 이식 안 할 거냐?"
"해야지. 평생 투석만 하면서 살 수는 없잖아? 이 꽃다운 나이에. 크크큭."
"꽃다운? 어디가?"

"마! 엉아가 그렇다면 그런 거야. 딴지 걸지 마."

"알았다, 알았어. 그러면 넌 이식 어떻게 할 건데?"

"일단은 뇌사자 등록을 해놨으니 언젠가는 하겠지."

"뇌사자 거 받으려고? 별로 안 좋은 거 아니냐?"

"거부 반응 가능성이 좀 높긴 하지만 안 받는 것보단 낫지. 근데 그것도 복불복이니 좋은 쪽으로 생각해야지. 혹시 아냐? 어쩌면 새로운 약이 개발될지."

"천하태평인 놈!"

"아프다고 스트레스 받는 것보단 훨씬 낫잖아."

"만약에 말이야, 이런 말하면 안 되지만, 다시 이식했는데 또 재발하면 어쩌냐?"

"흠… 그건 그때 가서 생각하지 뭐. 아직 이식도 못 했는데 벌써부터 그런 걱정하면 머리 빠개진다! 게다가 당장은 이식받을 생각도 없고."

"왜? 뇌사자가 없어서?"

"그것도 그렇지만…. 야, 나 배 짼 지 1년밖에 안 됐어! 3년 동안 거의 죽을 뻔하다가 작년에 수술해서 겨우 살아났건만 또 째라고? 그동안 못 먹었던 것 좀 먹고, 인생을 좀 더 즐기다 째려 한다. 하하하."

"으이구, 미친놈! 하긴 작년엔 니가 사람 몰골이 아니었지."

"그래. 3년 동안 해골바가지랑 친구 먹었지. 그래도 지금 이렇게 살아있다는 게 어디냐? 그때 생각하면 지금 투석하는 건 아무것도 아냐. 이렇게 걸어 다니는 것도 기적이다."

"그래, 그래. 천만다행이다. 나도 그땐 니가 어떻게 되는 줄 알았다."

"그래? 그럼 내가 다시 살아난 기념으로 지금 먹은 건 니가 사라. 크크큭."

"하하하. 그래, 이건 내가 낼 테니 나가서 좀 맞자! 이번엔 내가 직접 보내주마!"

이제는 애 둘 아빠가 되어버린 친구 녀석이 보고픈 피터

4.
엄마의 말씀, 삶이 되다
_ 어머니 어록

어릴 때부터 어머니는 저에게 많은 어록을 남기셨습니다. 재미난 말씀도 있었지만 대부분은 듣기 싫은 잔소리들이었죠. '맞는 말을 듣기 싫게 하는 것'이 잔소리라고 하지만, 돌이켜 보면 그 잔소리들이 지금의 저를 만들지 않았나 싶습니다. 그러니 듣기 싫은 어머니의 잔소리도 가끔은 들어주십시오. 그래야 어머니들도 가끔 스트레스를 푸실 수 있으니까요. 하하하.

- **살고 싶으면 먹고! 아니면 네 맘대로 해라!**

제가 열 살 때, 투석을 시작하면서 지독한 식이요법 때문에 밥도 잘 안 먹고 약도 챙겨 먹지 않으면서 괜히 짜증만 내곤 했습니다. 어느 날 엄니와 밥 먹는 문제로 또 실랑이를 벌이던 중 갑자기 식탁에 제가 먹는 약들을 몽땅 쏟으며 하신 말씀. (그나저나 저걸 어떻게 도로 다 주워 담으라고… 흐흑!)

- **비켜, 비켜! 넌 신장이 세 개지만 난 하나라서 좀 누워야겠다.**

엄니께서 저에게 신장을 이식해 주시고, 가끔 시장이나 밖에 다녀오신 뒤 하신 말씀. (저도 두 개는 고장 난 거라 하나뿐인데요.)

- **제발, 저 불쌍한 놈을 살려주시고 차라리 저를 데려가 주소서!**

제가 이식 거부반응으로 다시 투석을 하게 되었을 때, 방 안에서 홀로 울며 기도하시던 말씀. (절망에 빠져 스스로를 포기하려고 나쁜 마음을 먹었던 저는, 이 모습을 보고 다시는 그런 생각을 하지 않게 됐습니다.)

- **아픈데 고등학교도 못 나오면 넌 인간쓰레기밖에 안 돼!**

다시 투석을 시작할 때, 학업 때문에 혈액투석에서 복막투석으로 바꾸라며 하시던 말씀. (덕분에 고등학교도 잘 다니고, 그 축구공 사건도 겪었죠. 하하하.)

- **다음부터는 나한테 맡기지 말고 네가 스스로 알아서 해라.**

복막투석을 하기 위해 카테터 삽입 수술을 한 후, 처음으로 투석액을 연결해 주시면서 하시던 말씀. (솔직히 그날 투석액을 연결해 주시는 거 보고, 다시는 엄니께 맡기지 말아야겠다고 다짐했죠. 그 떨리는 손이 너무 불안해서요.)

- **나 못 해! 절대 못 해! 그런 걸 어떻게 하라고. 네가 해, 네가!**

항상 아버지께서 제 팔뚝에 놔주시던 빈혈 주사를, 아버지 출장 때문에 처음으로 엄니께 부탁드렸을 때 하시던 말씀. (결국 그날 이후로 제가 직접 허벅지에 주사를 놓기 시작했네요. 점점 주사바늘로 찌르는 걸 즐기는 변태가 되어가는 것 같은 느낌적인 느낌이… 크크큭!)

- **먹을 수 있을 때 먹어! 굶으면 너만 손해야!**

- 그렇게 안 먹다가 쓰러지기도 하면 어떻게 할래?
- 먹기 싫으면 먹지 마! 앞으로 네 건 안 차린다!
- 살고 싶으면 한 수저라도 먹어! 억지로라도 먹어!

제가 아파서 밥을 안 먹거나 저염식이 맛없어서 못 먹겠다고 할 때 하시던 말씀들. (협박성 멘트가 엄니 주특기입니다.)

- 당장 일어나서 학교 가! 가서 조퇴라도 하고 와!

고등학교 시절, 가끔 아프다는 핑계로 학교에 안 가겠다고 할 때마다 하시던 말씀. (학교 안 가려면 진짜 다 죽어가거나 응급실에 실려 갈 정도로 아파야 했죠. 그 당시엔 진짜 내 엄마가 맞나 하는 생각이… 흐흑!)

- 이왕 하는 거 대학도 한번 가봐야 하지 않겠니?

고3 시절, 두루두루 경험도 쌓고 대학 생활도 해보라며 하시던 말씀. (고등학교만 졸업하면 된다더니, 역시 대한민국 어머니십니다요. 어흑!)

- 엄마한테 의지하지 마라. 나 죽고 나면 너랑 네 동생 둘뿐이다.
- 나 죽고 나면 세상에서 널 도울 사람은 네 동생뿐이니 잘해

줘라.

동생하고 싸우거나 동생에게 불만을 토로할 때 하시던 말씀들. (아우야. 너도 형은 나쁘니 잘해랏!)

- 그 따위 정신 상태로 앞으로 어떻게 살래!
- 넌 몸이 아프니 머리로 먹고 살아야 한다!
- 그런 해이한 정신으로 대충대충 할 거면 아예 하지도 마라!
- 정신 차려라. 정신 못 차리고 그렇게 나자빠져 있으면 나중에 사회에서 낙오자밖에 안 된다!

제가 방황하거나 풀어져서 게으름을 피울 때, 공부 안 하고 딴짓할 때마다 하시던 말씀들. (물론 이보다 더 많은 충격적인 말들도 많았지만 심의상 자체 검열합니다.)

- 내가 죽으려고 해도 너 때문에 못 죽는다.
- 너는 태어날 때부터 날 고생시키더니 끝까지 마음 졸이게 하는구나!
- 내가 너 때문에, '살아야 한다'고 억지로 물에 밥 말아서 눈물 콧물 다 쏟으며 먹은 적이 한두 번이 아니다.

가끔 당신이 힘드실 때 한풀이로 저에게 하시던 말씀들. (그래서 저도 은혜 갚으려고 열심히 살고 있습니다!)

- 네가 할 수 있으면 한번 해봐라.

제가 무언가를 해보겠다고 하면 항상 하시던 말씀. (몸에 무리가 되는 일이라도, 제가 해보겠다면 걱정은 하셨지만 말리지는 않으셨습니다.)

- 무언가 바라고 할 거면 하지 마라. 해주고 나서 바라는 걸 못 받으면 너만 상처받는다.

누군가를 도와주고 상대방에게서 그만큼 피드백이 없으면 서운해하던 저를 보고 하시던 말씀. (베풀면서 더불어 사는 삶이란 게 참 쉽지 않네요.)

- 네가 아픈 건 네 사정이다. 사회에 나가면 아무도 그걸 받아주지 않는다.
- 앞으로 네 인생은 네가 혼자 싸워나가야 한다. 자꾸 의지하다 보면 나중엔 혼자서 아무것도 못 하게 돼!
- 네 인생 네가 사는 거지, 그 누구도 네 인생을 대신 살아주지 않는다.

제가 아픈 것 때문에 좌절하거나 해보지도 않고 포기하려고 할 때 하시던 말씀들. (그래서 뭘 하든 열심히 해보려고 합니다만… 가끔은 힘들 때도 있네요.)

- **엄마, 하고 부르지 마! 네가 부를 때마다 뭔 일 있나 싶어서 가슴이 철렁해!**

가끔 내 방에서 "엄마!" 하고 부를 때 하시던 말씀. (요즘은 아내가 같은 이유로 자기를 부르지 말라고 하는군요. 전 도대체 누굴 불러야 할까요? 흐흑!)

- **넌 가서 좀 걸어 다니고 운동해. 엄마는 침대에서 좀 자야겠다.**

제가 입원했을 때마다 간병 오셔서 자주 하시던 말씀. (누가 환자인 거죠?)

- **됐다 마! 너한테 하도 질려서 나 혼자 살 거야!**

나중에 커서 엄니 모시고 효도하면서 같이 살 거라니까 하시던 말씀.

(그럼 옆집이라도 어떻게 안 될까요? 하하하.)

- **네 그 정신력 하나는 인정하마.**

아프면서도 제가 하고 싶은 건 다 하면서 다닐 때 하시던 말씀. (그나마 정신력이라도 강해진 게 다 엄니 덕분입니다.)

- 네가 나보다 먼저 가면 시신을 병원에 기증할 거다. 앞으로는 누구도 너같이 지독한 병에 걸리지 않게 해 달라고….

복막 합병증으로 3년간 제대로 먹지도 못해서, 의사 샘이 '뼈만 남아서 수술도 힘들다'고 할 때 하시던 말씀. (자식에게 어떻게 저런 얘기를 할 수 있을까 싶지만, 저 또한 저 같은 환자가 나오지 않았으면 하는 마음이어서 그런 결정을 하신 엄니가 오히려 고마웠습니다.)

- 살려 달라고 하는 것도 어느 정도 힘이 있을 때 살려 달라고 하는 거예요. 그냥 고통 없이 데려가 달라고…. 내가 내 자식을 살려 달라고 하지 못하는데 어떻게 고해성사를 하겠어요. 흐흑….

역시나 복막 합병증으로 거의 좀비 수준이 돼버린 저 때문에 성당에 가서 울면서 신부님께 하신 말씀. (고해성사는 가톨릭 신자가 지은 죄를 뉘우치고 신부를 통하여 하느님에게 고백하여 용서받는 일입니다.)

- 머리로 믿지 말고 가슴으로 믿어라.

가끔 제가 하느님에 대해 논리적으로 따질 때 하시던 말씀. (솔직히 마음이란 것도 머리에서 나오… 퍽!)

- **너, 참 명(命) 길다.**
- **하느님이 아직 너한테 시킬 일이 남아있어서 데려가지 않으셨나 보다.**
- **진작 이 수술할 걸 그랬다. 그럼 3년 동안이나 그 고생 안 했을 텐데….**

복막 합병증으로 인해 아무도 장담 못한 수술이 성공적으로 끝나고, 조금씩 예전 모습으로 회복하던 중에 하시던 말씀. (그 후 퇴원하고, 체력도 늘고 살도 붙으니…. "이젠 네가 병원비 벌어 와라.")

- **살아 있을 때 맘껏 살아라. 그게 네가 살아야 하는 이유다.**

언제 하신 말씀인지 모르겠지만 이상하게 잊히지 않는 말씀.

이 외에도 엄마의 말씀은 셀 수 없이 많지만 제 기억 용량의 한계로 여기까지만.

엄마께서는 몸이 아픈 저에게 당근보다는 채찍(?)으로 대하셨습니다. 아프더라도 사람 구실은 하고 살아야 한다며 엄하게 대하셨지만, 아마도 마음은 많이 아프셨을 겁니다.

엄니는 항상 "아파도 강하게 살아라. 힘들어도 포기하지 마라. 매사에 감사해라. 긍정적으로 살아라" 하고 말씀하셨습니다. 이런 엄니 넉분에 지금의 제가 있는 것이겠죠?

 그리고 아직 한 번도 전하지 못한 말인데… 글로나마 전해 봅니다.
 "어머니, 사랑합니다!"

언제나 엄니보다 한 수 아래인 피터

수술 이야기, 셋

난 아직 살아있다1
_ 죽기 아니면 까무러치기

• **2000년대 초**

당시 저는 복막투석 9년 차, 기계 복막투석을 하며 직장 생활을 하고 있었습니다. 하지만 직장 생활을 하다 보니 외식이 잦았고 계속된 야근으로 피로가 쌓여갔습니다. 그 때문인지 몸이 자꾸 붓고 투석도 원활하게 되지 않았죠. 결국 일주일에 한 번씩 혈액투석까지 병행해야 했습니다.

복막투석이 잘 안 되다 보니 점점 더 높은 농도의 투석액을 사용했고, 결국 가장 높은 농도의 투석액을 쓰게 되었습니다. 그때 주치의였던 안샘이 "높은 농도의 투석액을 자주 사용하면 복막이 석회화(복막이 굳어버리는 현상)될 수 있다"고 경고하셨지만 저는 직장을 핑계 삼아 경고를 무시했습니다. 나중에 엄청난 대가를 치르게 될 거라는 걸 꿈에도 모른 채 말이죠.

어느 날 퇴근 후 저녁을 먹고 나니 배가 살살 아프기 시작했습니다. 그러고는 저녁에 먹은 걸 다 토했고, 장을 비트는 듯한 극심한 통증이 시작되었습니다.

'제길, 복막염이구나.'

고통을 참으며 수동으로 복막투석을 해보니 역시나 배액이 뿌옇게 나왔습니다. 그런데 이번에는 예전에 겪었던 복막염과는 차원이 다른 엄청난 고통이 밀려왔습니다. 집안을 데굴데굴 구르다가 결국 119에 실려갔습니다.

- **그리고⋯ 입원**

응급실에서는 각종 검사가 시작되었고 참을 수 없는 통증에 정신까지 혼미해졌습니다. 졸라서 겨우 진통제를 맞았지만 별 효과가 없었습니다.

입원 후에도 상황은 나아지지 않았습니다. 계속된 검사와 항생제 투여에도 반응이 없었죠. 병실에서도 고통에 데굴데굴 구르다 지쳐 잠이 들었고 고통 때문에 다시 깨어나기를 반복했습니다. 며칠 동안 아무것도 먹지 못했으며 심지어 물조차 마실 수 없었습니다.

의사들은 원인을 찾지 못해 결국 가장 강력한 항생제를 투여하기 시작했습니다. 이 항생제로도 안 잡히면 포기해야 한다고 하면서요. 그리고 독한 복막염 때문에 당분간은 복막투석을 중단하고 혈액투석을 해야 했습니다.

그렇게 40일이 흘렀습니다. 그동안 아무것도 먹지 못했습니다. 다행히 항생제가 효과를 보이면서 고통은 사라졌지만, 40일 동안 굶다 보니 눈에 보이는 게 없더군요. 병원 침대라도 씹어 먹고 싶을 정도로 배가 고팠죠.

어느 정도 회복했을 때 병원에서 식사로 밍밍한 미음이 나왔습니다. 예전 같았으면 한 입도 안 먹었을 텐데 그날은 미음이 담긴 컵까지 핥아 먹었습니다. '40일 만에 먹는 첫 끼'가 어찌나 맛있던지…. 그렇게 미음부터 시작해서 죽, 밥까지 차례로 먹을 수 있게 되었죠. 물론 투석식이라 저염식이었지만 그것조차 꿀맛이었습니다.

어머니도 "내 평생 네가 병원 밥을 이렇게 맛있게 먹는 건 처음 본다"며 웃으셨습니다. 잘 먹다 보니 회복도 빨라서 저는 두 달 만에 퇴원할 수 있었습니다.

나중에 밝혀진 병명은 경화성 복막염이었습니다.

• 지옥 같은 3년

그 이후 저는 복막이 망가져 복막투석을 중단하고 혈액투석을 하게 되었습니다. 그리고 2003년부터 복막이 점점 굳어지면서 장운동이 제대로 되지 않았습니다. 그로 인해 장폐색과 장유착이 반복되었고 수시로 병원에 입원했습니다.

입원을 해도 특별한 치료법은 없었습니다. 그저 코로 줄을 꽂아 위 속의 내용물을 다 빼내고, 통증이 사라질 때까지 굶은 채로 계속 걸어 다니는 것뿐이었습니다.

이 과정이 1년에 네댓 번씩 반복되었습니다. 장운동이 제대로 되지 않다 보니 무엇을 먹든 대부분 토했고, 투석할 때도 항상 체중 미달이라 영양제를 맞으며 몸무게를 늘리려 애썼습니다.

그렇게 해도 몸무게는 계속 줄어 결국 38킬로까지 빠졌습니다. 완전히 뼈에 가죽만 남은 해골바가지 같은 모습이 되더군요. 그런데 더 미칠 노릇인 건, 입맛은 멀쩡해서 계속 음식을 찾게 된다는 것이었죠. 하지만 먹어봤자 다 토해버리니 몸에 기운이 하나도 없었습니다. 제대로 걷는 것조차 힘들었죠. 이건 사람 사는 게 아니었습니다.

그래도 '먹어야 산다! 토하더라도 먹어야 한다'는 그 일념 하나로 버티고 또 버텼습니다. 먹을 수 있는 건 뭐든 먹었습니다. 식이요법 따위는 뒷전이었습니다. 제대로 먹지 못하니 수치가 높아질 리도 없었죠. 하지만 먹고 화장실 가고, 먹고 화장실 가고…. 이런 제 모습이 영락없이 걸어 다니는 시체나 다름없었습니다.

• 수술 결정

한번은 장 관련 최고 전문의인 박샘이 저를 진찰한 적이 있습니다. 몇 번 이리저리 살펴보시더니 "아휴, 힘들어, 힘들어! 이건 도저히…" 하셨습니다.

"혹시 수술로 해결할 방법은 없을까요?"

"방법이 있긴 한데, 수술한다고 해도 장이 다시 정상 기능을 할 거라는 보장은 없어. 오히려 득보다 실이 더 많을 가능성이 커서, 아무래도 수술은 어렵겠어."

"그렇다고 계속 이렇게 살 수는 없잖아요."

"좀 두고 보자. 당장은 힘들어."

"선생님!"

주치의인 안샘도 만나보았습니다.

"흠… 이건 정말 힘들다."

"방법이 없겠습니까?"

"한 가지 방법이 있긴 한데… 일본에는 이런 환자가 많아서 우리나라보다 경험도 많고, 수술 성공 확률도 높을 거야."

"성공 확률이 어느 정도인데요?"

"흠… 20이나 30퍼센트 정도…."

"그럼 국내에서는 그보다 더 낮다는 얘기네요. 에휴."

"지금으로서는 의학이 발전하기를 기다릴 수밖에 없어. 힘들겠지만 어쩔 수가 없구나."

그렇게 꺼져가는 삶을 간신히 이어가던 2006년 어느 날, 더 이상 이렇게 살 수 없다고 생각하고 다시 박샘을 찾아갔습니다.

"저 이렇게는 도저히 못 살겠습니다. 죽을 때 죽더라도 수술해 주십시오."

"에휴…. 꼭 해야겠냐? 그럼 각오는 되어 있고?"

"어차피 굶어 죽으나 수술하다 죽으나 마찬가지 아닙니까? 그래도 수술은 가능성이라도 있죠. 그럼 수술하고 죽겠습니다. 그 가능성을 조금이나마 믿고 싶네요."

"그 정도 각오면 됐다! 근데 이 수술은… 진짜 미친놈밖에 안 해. 대한민국에서 유일한 그 미친놈이 바로 나다! 하하하, 내일 당장 입원해라."

진료실을 나오면서, 수술을 하게 되었는데도 어찌나 기분이 착잡하던지…. '어쩌면 이번이 마지막이 될 수도 있겠구나' 하는 생각에 그런 건지도 모르겠네요. 하지만 이대로 잘못되면 더 이상 아플 일이 없을 테니 그것도 나름 괜찮다고 생각했습니다.

그렇게 4월 말, 저는 수술을 하기 위해 입원했습니다. 그런데 또 다른 문제가 있었습니다. 현재 체력과 체중으로는 그 큰 수술을 도저히 버티기 힘들다는 것이었죠. 그래서 한 달 동안 최고 농도의 영양제를 맞으며 체중을 조금씩 늘려갔습니다. 그렇게 멍하니 병원에서 영양제만 맞으면서 시간을 보내고 있자니 수술을 하기도 전에 지쳐갔습니다.

• 고민을 내려놓다

수술 전, 한 달의 유예 기간이 생기자 다시 고민이 되었습니다. 정말 잘한 결정인지, 이러다 이대로 눈을 못 뜨면 모를까 수술을 하고 나서 더 잘못되면 어떻게 해야 할지…. 머릿속이 복잡해졌습니다. 그래서 입원하는 동안 신장내과에 있는 의사, 레지던트를 모두 찾아가 물어봤습니다. 과연 이 수술이 잘되면 다시 잘 먹을 수 있는 건지….

대답은 모두 "No!". 심지어 수술을 하지 말라는 분도 계셨습니다. 단 한 분도 수술이 잘될 거라는 얘기는 안 하시더군요. 주치의 안샘도 좀 더 기다리는 게 어떻겠느냐고 하시고, 저를 수술해 주실 박샘조차도 일단 배를 열어봐야 안다고 하셨습니다.

갑자기 그냥 도망치고 싶었습니다. 수술이고 뭐고 다 때려치우고 싶었습니다. 허나 도망친다고 해서 해결되는 것은 아무것도 없고, 지옥 같은 삶을 앞으로도 계속 겪어야 하겠죠. 이런저런 고민을 하면서 병원 안을 혼자 배회하다가 원목실에서 어떤 신부님을 만났습니다. 왜 그랬는지는 모르겠지만, 그분께 제 얘기를 다 털어놓았습니다. 아무도 저에게 희망을 주지 않았기에 답답하고 복잡한 마음에 그랬던 건지도….

절망스러운 저의 얘기를 듣고 신부님께서 말씀하셨습니다.

"지치고 힘들 땐 그냥 울어보세요. 막 울다 보면 나중엔 왜 울었는지도 모르게 될 겁니다."

그 말씀을 들으니 갑자기 눈물이 나더군요. 아무 생각도 나지 않았습니다. 신부님 말씀대로 바로 그 자리에서 그냥 펑펑 울었습니다. 그렇게 울다 보니 답답한 게 좀 풀리더군요.

"혼자서 너무 많은 걸 짊어지려고 하지 마세요. 짐을 내려놓고 좀 쉬어보세요. 그럼 마음이 편안해질 겁니다. 그리고 편안히 수술 받으면 돼요. 마음이 편안해야 수술도 잘되죠."

신부님 말씀을 들은 그날 이후 정말로 마음이 편안해지더군요. 모든 걸 하늘에 맡기기로 하고 수술이 잘되도록 열심히 몸무게를 늘리며 체력을 키웠습니다. 그렇게 노력한 덕에 체중은 38

킬로에서 42킬로까지 늘었죠.

• **2006년 6월 14일**

그리고 드디어 그날. 2006년 6월 14일, 전 수술실로 내려갔습니다. 어머니께서 옆에서 제 손을 꼭 잡은 채 따라오시며 안 울려고 애쓰시는 모습이 가슴 아프더군요.

"잘될 거다. 다 잘될 거야. 흐흑…. 힘내고, 잘하고 나와라."

"잘하고 나올게요. 다녀올게요. 나중에 봐요. 후훗."

수술실로 들어가면서 닫히는 자동문 사이로 어머니의 통곡 소리가 들렸습니다. 하지만 전 편한 마음으로 수술실 침대에 누웠습니다. 마취약이 들어오면서… 전 눈을 감으며 마지막 기도를 했습니다.

'만약 수술이 잘못돼서 저와 가족에게 더 큰 고통을 주시려면, 그냥 수술 중에 조용히 눈 감게 해주소서…. 제발!'

지금 생각해도 '그때는 지옥이었어' 싶은 피터

누군가 도움을 준다고 해도
정작 자신이 노력하지 않으면 그 도움마저도
소용이 없습니다.
작은 노력도 하지 않으면서 잘되길 바라는 건 어불성설이죠.

자신을 변화시킬 수 있는 건 오직 자신뿐입니다.
자꾸 피하고 외면하면 변하는 건 아무것도 없습니다.
그리고 저 또한 지금도,
앞으로도 그렇게 살려고 노력 중입니다.

제 4 장

정말 하고 싶은 게 있고 할 수 있다면… 하세요!

1.
무대뽀 정신으로 바로 지금!

저는 여섯 살이 되던 1983년부터 신장병을 앓았습니다. 벌써 투병 경력이 40년을 훌쩍 넘었네요. 어릴 적부터 병을 앓았으니, 생각해 보면 평생 건강하게 살아본 기억이 없습니다. 여섯 살 이전의 기억은 제 머릿속 어딘가에 있겠지만 찾지는 못하겠네요. 크크큭.

그래서 한창 사회에 나가 꿈을 펼칠 젊은 분, 가정을 꾸려 새 출발을 하고자 하는 분, 가장으로서 가족을 위해 헌신하며 살아온 분, 성인이 되어 저마다 다양한 삶과 상황 속에 있는 분들이 어느 날 갑자기 신장병 진단을 받았을 때의 절망감이란… 솔직히 저는 그런 절망감을 느껴보지는 못했습니다.

저는 이미 처음부터 그랬으니까요.

어릴 적부터 호기심이 강해서 뭐든 해보고 싶었고, 또 경험해 보려고 했습니다. 그럴 때마다 항상 발목을 잡는 이 망할 놈의 신장병…. 저 또한 이런 자신에게 화가 났습니다. 하지만 화를 내봤자 스트레스만 더할 뿐 바뀌는 건 없었고, 뭔가를 하고 싶은 마음은 수그러들지 않았습니다.

아직 세상 물정을 몰랐던 어린 저는, 아마도 '좌절'이 뭔지도 몰랐던 모양입니다. 병을 이유로 포기하기보다는 어떻게든 하기 위해 저만의 방법을 찾으려고 애를 썼습니다. 처음부터 이런 몸이었으니, 이런 몸 상태로 살아가는 방법을 찾으려고 했던 것 같습니다.

지금도 할 수 있는 일이라면 어떻게든 하려고 하니, 아마도 그게 몸에 밴 모양입니다. 그래서 무모한 짓도, 위험한 짓도 많이 했습니다. 지금 이렇게 살아있는 게 신기할 정도로요. 하하하.

처음부터 '아냐, 이건 내가 도저히 못 하겠어!'라는 생각이 들 때를 제외하고, '할 수 있을까?'라는 생각이 들면 '무조건! 아무 생각 없이! 무대뽀로!' 했습니다. 그게 좋은 일이든 나쁜 일이든, 납득이 안 되는 일이 있으면 꼭 해보곤 했습니다. 제 성격이 좀 별나서 그런지, "넌 몸이 아프니 하지 마"라고 하면 '몸이 아프면 왜 못 하는 거지? 해보지도 않았는데…'라는 생각이 먼저 들더군요.

이렇듯 가끔 환자라는 사실을 망각하고 덤비다 보니, 저 때문에 엄니께서 무진장 속을 썩으셨습니다. 그래도 쓰러질 듯하면서도 어떻게든 해내는 걸 보시곤, 언제부터인가 "어차피 한 번 사는 인생이고, 네 인생 네가 사는 건데… 할 수 있는 건 다 해봐라. 대신 무리하지 말고 몸 생각하면서 해라"라고 응원해 주셨습니다.
"거럼요, 거럼요. 하하하."
대답은 이렇게 했지만, 뭔가 필(feel)이 팍 오면 엄니 말씀을 기억에서 저 멀리 골킥으로 차버리니…. 이래서 제 등짝이 남아나지 않나 봅니다. 허흑!

이렇게 살아온 탓에 신장염, 혈액투석, 복막투석, 이

식, 거부 반응까지 5종 종합 투병 세트를 다 겪었고, 수술도 여러 번 하고, 죽을 고비도 많이 넘겼습니다. 그럼에도 불구하고 건강한 사람 못지않게 하고 싶은 건 다 하며 살았습니다.

기억에 남는 일들을 생각해 보니….

초등학생 때 혈액투석을 하면서도 100미터 달리기를 반에서 3등 한 일. (당시엔 숨넘어갈 뻔했지만, 기분이 째지게 좋더군요.)

중학생 때 신장 이식을 받은 상태에서 친구랑 날아차기를 하며 대판 싸운 일. (옆구리를 맞았을 때 가슴이 철렁했습니다. 다행히 수치는 정상이었지만, 엄니한테 맞아 죽을 뻔했습니다. "어떻게 한 수술인데! 이 웬수야!")

고등학생 때 복막투석을 하면서도 체육 시간에 농구, 축구 등 공놀이할 때는 절대 빠지지 않은 일. (축구공에 배를 맞아 복막투석 카테터 삽입 재수술을 하고도, 퇴원 후 정신 못 차리고 또 공 차러 나갔죠.)

대학 시절 기계 투석을 하면서도 잔머리를 굴려 투석 시간을 조절하고 학과 MT를 다녀온 일. (집에 오니 눈앞이 핑….)

회사 다니면서 복막투석을 하는 몸으로 래프팅을 했던 일. (이건 진짜 미친 짓이었죠. 의사한테 얘기했을 때 그 어이 상실한 표정이란…. 에고!)

술 마시고 헬렐레한 적도 있고, 담배 피우며 인생(?)을 논해 보기도 하고, 회사에서 야근이니 밤샘이니 밥 먹듯이 해보기도 하고….

하여간 덕분에 고생한 적도 많고 의사에게 욕도 무진장 먹었지만… 후회는 없습니다. 하지만 이제는 결혼까지 한 마당에 이런 뻘짓(?)을 계속했다가는 마눌님께 쫓겨나겠죠. 하하하!

이렇게 혹사시키는 데도 무난히 따라와 주는 제 몸에 감사할 따름입니다. (물론 비실거릴 때가 다반사이지만요.) 처음부터 잘 따라와 준 건 아니지만, 이게 다 42년 차 짬밥이 아니겠습니까? 크크큭!

솔직히 지금의 제 수치는 그리 좋지 않습니다. 자주 커트라인(위험 수치)에서 왔다갔다합니다. 몸도 이골이 났는지, 수치가 높아도 겉보기엔 멀쩡합니다. 아무도 저를 환자로 보지 않더군요. 그래서 지하철이나 공공기관에서 장애인 시설을 이용하면 가끔 트집을 잡는 사람들이 있습니다. "젊은 놈이 멀쩡하게 생겨서는… 쯧쯧!" 하고요.

그렇다고 아프지 않은 사람과 똑같이 살지는 않죠. 아무리 생각 없이 산다지만 저만의 룰은 지키면서 삽니다. 아직은 더 살고 싶고 가능하면 오래 살고 싶습니다. 제가 아직 세상에 미련이 많아서요.

앞서 말했듯, 저는 한 번도 건강하게 살아본 기억이 없습니다. 앞으로도 평생 이 병과 함께할지도 모릅니다. 그래도 학교도 잘 다녔고, 졸업도 했고, 직장도 다니면서 일도 빡세게 하고 있습니다. 항상 "힘들어서 못 해!"보단 "힘들어도 버티자!"라는 마음으로 열심히 살고 있습니다.

물론 저 또한 좌절하고, 힘들어하고, 아파한 적도 많습니다. 그러나 포기해 본 적은 거의 없습니다. 너무 힘들면 쉬어 가는 한이 있더라도 말이죠.

그렇다고 저 혼자 잘나서 지금까지 긍정적으로 살아온 것은 아닙니다. 가족과 친지들, 친구, 선후배, 그리고 많은 지인들의 도움이 있었기에 지금의 제가 있는 거죠.

하지만 누군가 도움을 준다고 해도 정작 자신이 노력하지 않으면 그 도움마저도 소용이 없습니다. 작은 노력도 하지 않으면서 잘되길 바라는 건 어불성설이죠.

자신을 변화시킬 수 있는 건 오직 자신뿐입니다. 피하고 외면하면 변하는 건 아무것도 없습니다. 그리고 저 또한 지금도, 앞으로도 그렇게 살려고 노력 중입니다.

마지막으로, 지금 너무 힘들어서 아무것도 할 수 없는 분들께 "힘내라"는 말씀은 못 드리겠습니다. 힘을 내고 싶어도 안 되는데… 몸이 뜻대로 안 되는데….

그래서 힘내라는 말보다는 "포기하지 말라"고 말씀드리고 싶습니다. 누가 뭐라든 본인만 포기하지 않으면 됩니다. 포기하는 순간 모든 건 거기서 끝이 납니다. 저는 의사들 대부분이 포기한 적도 있지만 이렇게 멀쩡하게 살아서 잘 지내고 있습니다.

정말 하고 싶은 게 있고 할 수 있다면… 하는 겁니다. 바로 지금! Just do it! 이 순간은 다시 오지 않습니다.

손가락 하나라도 움직일 수 있다면 변화가 시작된 겁니다… 피터

2.
족쇄,
묶인 채로 날아오르다

내 손에 묶여 있는 구속의 도구가

그 구속으로부터 탈피할 수 있는 수단이 될 수도 있다.

생각을 바꿔라. 기회는 항상 있다.

_ CARTOON BY JIJONGHYUN

이 글은 제가 자주 갔던 사이트에 올라온 웹툰에 나온 문구입니다. 주인공이 다리에 묶여 있는 족쇄로 감옥 문을 부수고 있는 그림이었죠. 보는 동안 뭔가 모를 짠한 감정이 밀려오더군요.

저를 포함한 우리를 구속하고 있는 "신장병"이라는 족쇄, 아무도 풀 수 없는 그 족쇄로 인해 모든 것이 제약받는 삶…. 모든 길 포기하고, 감옥에 갇힌 것처럼 세상과 격리된 채 혼자 겪어내야만 하는 슬픈 삶…. 하지만 어쩌면 그 감옥은 스스로 만든 것이 아닐까 싶습니다.

예전 고등학생 시절, 수업 시간이 지루해서 공책에 낙서를 한 적이 있습니다. 저 앞에서 열심히 뛰고 있는 친구들, 그리고 출발점에 엎드려서 좌절하고 있는 나. 제 발에는 커다란 족쇄가 채워진 모습이었죠.

왜 그런 그림을 그렸는지는 모르겠지만, 그림을 그리다 보니 갑자기 눈물이 나더군요. 수업 시간에 눈물을 보이는 게 쪽팔려서 얼른 닦았지만, 잠시 동안 너무 서글펐습니다.

친구들은 모두 뭔가 이루기 위해 저렇게 열심히 공부하는데, 저는 아프다는 이유로 그저 이렇게 아무것도 하지 못한 채 살아가는 게 너무 억울했습니다.

그래서 언제부턴가 저만의 감옥을 부수기 시작했습니다. 저를 얽어매고 있는 족쇄를 휘둘러 부수든 맨손으로 부수든, 그렇게 하나씩 부수고 세상 밖으로 나가려고 발악을 했습니다.

"세상 밖으로 나가봤자 족쇄는 여전히 네 발에 채워져 있을 텐데, 무엇 하러 사서 고생하냐?"

누군가는 이렇게 말할지도 모르겠습니다. 솔직히 밖으로 나가면 즐거움이 있을지 고통만 있을지는 알 수 없습니다. 아니, 상관없습니다. 나가서 족쇄를 질질 끌고 가든 굴리며 가든, 앞으로 나아갈 겁니다.

감옥 안에 있으면 날 건드릴 사람은 아무도 없을 테고, 족쇄 때문에 고생할 필요도 없겠지만… 그뿐입니다. 아무런 변화 없이 평생 그 자리일 뿐입니다. 저는 그게 싫습니다. 누군가 이렇게 말했죠.

"자신을 변화시킬 수 있는 건 오직 자신뿐이다."

세상에선 나만 아픈 거지, 그 누구도 그걸 받아주지 않습니다. 어쩌면 낙오자 취급을 받을지도 모릅니다. 그래서 제가 더 발악하는지도 모르겠습니다.

힘듭니다. 이 몸으로 남들처럼 살아가는 게 정말 힘듭니다. 하지만 힘들다고 그 자리에 주저앉으면 다시는 일어설 수 없을 것 같습니다. 힘들어도 참고, 또 참고 버티며… 정말 죽고 싶을 정도로 힘든 때도 있지만….
 죽고 싶을 만큼 살고 싶습니다.

 미친놈의 세상에서는 미친놈이 정상이고, 정상인의 세상에서는 미친놈이 비정상이죠. 이 세상이 어떻게 돌아가든 간에, 나 또한 그들과 융화되지 않으면 혼자서 살아갈 수밖에 없습니다.
 이 복잡하고 두려운 세상과 맞선다는 것 자체가 안 그래도 힘든데, 풀지도 못하는 이런 족쇄까지 차고 있으니 참으로 절망적입니다.
 하지만 하지 않고 후회하기보다는 해보고 후회하는 편이 낫다고 생각합니다. 이길지 질지 모르겠지만, 힘들어도 세상과 맞서 싸우는 그 자체에서 제가 아직 살아있음을 느낍니다. 가끔은 제가 아프다는 사실조차 잊어버리게 됩니다.

 항상 한계 이상의 것을 향해 나아갑니다. '저기까지만, 힘들어도 저기까지만…' 하면서.
 일을 할 때 힘들어도, 계단을 오를 때 숨이 차도, 한계에 이를 때까지 계속 버티고 버티며 나아갑니다.

누군가 "아픈 주제에 무리한다"고 해도, "아프니 그만하라"고 말해도, 제 자신이 만족하기 전까지는 멈출 수 없더군요. 그렇게 어렵게 무언가를 이루어내면 힘들었던 과거는 다 잊혀집니다. 그리고 해냈다는 뿌듯함과 자신감으로 다시 한번 제가 살아있음을, 살아가고 있음을 느낍니다.

아직도 저는 한참 부족하고 해야 할 일도, 하고 싶은 것도 많습니다. 그걸 다 이룰 수 있을지 모르겠지만, 살아갈 내일이 있기에 언제나 일어나 달리고 싶습니다. 이것이 제가 살아가는 방식입니다.

이제… 세상이 싫다고 감옥 속에서 홀로 지낼 건지, 힘들어도 세상에 나아가기 위해 감옥을 부술 건지, 그 선택은 본인의 몫입니다.

힘들어도 웃다 보면 정말 웃을 날이 올 거라 믿는 피터

3.
심장아, 나대지 맛!
지옥 래프팅

음… 언제였더라. 당시 충격이 너무 커서 기억이 잘 나질 않네요. 크크크! 어쨌든 제가 직장에 조금씩 적응해 가던 때의 일입니다. 날짜가 뭐 그리 중요하겠습니까. 그때 제가 한 짓이 중요하죠. 그렇습니다. 그 당시 피터는 진짜 겁대가리를 상실한 미친 짓을 했습니다.

어느 무더운 여름날, 회사에서 단합대회 겸 동강으로 1박 2일 워크숍을 갔습니다.
자, 동강입니다. 동강 하면 래프팅으로 유명한 곳이죠.

직원들은 모두 워크숍은 안중에도 없고, 오직 래프팅을 한다는 사실에만 들떠 있었습니다.

워크숍을 마친 다음 날 아침, 드디어 새벽부터 래프팅을 하러 산속 깊은 계곡으로 떠났습니다. 여기서 "래프팅이 무슨 미친 짓이냐? 재미있겠구먼" 하시는 분들!

당시 저는 복막투석 중이었습니다. 혈액투석이 아니라 '복막투석'이요. 복막투석은 투석을 위한 카테터가 배 밖으로 나와 있습니다. 즉, 물을 가까이하면 안 된다는 얘기죠. (여기저기서 "이런 겁대가리 상실한 놈!"이라는 소리가 들리는 것 같네요. 하하하!)

그렇습니다. 잘못해서 카테터에 물이 들어갔다간 바로 응급실 행입니다. 게다가 강물인데 깨끗할 리가 없겠죠. 즉, 래프팅을 하다가 물에 빠지는 날엔… "오 마이 갓!"입니다.

처음 래프팅을 가기 전, 고민을 많이 했지만 어쩔 수 없었습니다. 래프팅 후 계곡 아래 도착 장소에서 점심을 먹고 바로 서울로 출발한다고 하더군요. 따라서 선택의 여지가 없었습니다. 아니면 혼자 서울로 가야 했으니까요. 흑흑!

'처음 해보는 래프팅, 엄청 재미있겠네!' (두근두근.)

'근네 물에 빠지면 어떡하지?' (흑흑!)

'급류를 타고 내려가면 얼마나 신날까?' (오호홋!)

'근처에 병원이 있을까나?' (흐엉!)

출발 지점까지 가는 동안 오만 가지 생각이 머릿속을 맴돌면서 천국과 지옥을 수십 번씩 오갔습니다.

드디어 출발 지점 도착! 키잡이하는 친구를 보니 래프팅이라는 게 확 실감나더군요.

'오, 저 근육덩어리 키잡이 친구, 저 친구한테 한 방 맞으면 바로 서울행이겠네. 그래! 저 근육을 믿어보자! 흐흐흐… 내 목숨은 네 근육에 달려 있느니라.'

저는 키잡이에게 가서 협박 아닌 협박을 했습니다.

"저기, 아저씨! 제가요, 물에 빠지면 큰일 나거든요."

키잡이는 실실 웃으며 건성건성 대답했습니다.

"아, 걱정 마세요. 구명복 반드시 착용하게 되어 있습니다. 하하하!"

(한국말 좀 끝까지 들어봐 봐!) "그게 아니고, 저는 물에 빠지면 진짜 목숨이 위험하거든요. 그러니까 절대로

배 뒤집으면 안 돼요."

('물에 안 들어갈 거면 여긴 왜 왔냐?' 하는 표정) "예? 래프팅은 그 재미로 타는 건데…. 알겠습니다. 최대한 노력해 보겠습니다."

그때 걱정이 된 저희 사장님이 엄근진한 표정으로 한마디 거들었습니다.

"이 친구, 진짜 물에 들어가면 병원 실려가요. 조심해 줘요!"

"허걱! 음… 예… 예…."

그제야 키잡이도 농담이 아니라는 걸 알아챘습니다.

10여 분간 준비 운동을 하고 저는 만일의 사태에 대비해 배에 랩을 칭칭 감았습니다. 그리고 옷도 한 겹 더 입었습니다. 마지막으로 하늘을 우러러 무사히 도착하게 해달라고 기도했습니다.

그런 다음 모두 배에 올랐습니다. 저는 여섯 살배기 차장님 아들을 안고 배 가운데 자리를 잡았고, 양쪽으로 직원들이 앉아 각자 노를 저으며 출발했습니다. 드디어 출발! 지옥 래프팅이 시작되었습니다. (아! 저에게만 지옥 래프팅이었죠.)

그런데 출발한 지 2분도 안 돼서 날벼락, 아니 물벼락이 날아들었습니다! 우리와 함께 출발한 상대편 보트와 전쟁이 벌어진 겁니다. 아이씨… 재수 오지게 없습니다. 제길!

아, 여기서 '전쟁'이란 상대 보트와 가까워지면 가지고 있던 노로 상대편에게 물벼락 세례를 퍼붓는 것입니다. 한마디로 그냥 물싸움!

저는 최대한 몸을 웅크리며 배를 보호했습니다. 다행히 혹시나 해서 랩으로 배를 감싸 둔 게 천만다행이었습니다. 저도 무턱대고 미친 짓은 안 하죠. 크크큭!

하지만 갑작스러운 물벼락에 놀란 차장님 아들이 으앙 하고 울음을 터뜨렸습니다. 상대편도 아이가 울자 물싸움을 멈추고 다시 노를 저어 가더군요. 휴!

'그래, 잘했다. 네가 나를 살리는구나! 진작 울릴 걸. 다음에도 부탁하마. 흐흐흐!'

그리고 계속되는 래프팅. 중간중간 급물살에 가슴이 철렁 내려앉고, (아이고, 돌겠네!) 배에서 안 떨어지려고 애쓰랴, 아이 보호하랴, 정신이 없었습니다. 다행히 장마 전이라 급물살이 그렇게 많은 건 아니라고 하더군요.

(이게 적은 거라고? 미치고 환장하겠구먼. 우이씪!)

얼마나 갔으려나. 잔잔해진 강물, 내리쬐는 햇볕. '이대로 조용히 흘러갔으면 좋겠다'고 생각하는 그 순간, 키잡이가 소리쳤습니다.

"여러분, 많이 지치신 것 같습니다. 이래서야 오늘 안에 도착하겠습니까? 다시 힘을 내실 수 있도록 간단한 게임을 해보겠습니다. 가운데 분(저 피터입니다!)만 빼고 모두 자리에서 노를 잡고 일어서십시오."

(엥? 어이, 이봐! 잘 가다 말고 왜 그러냐? 엉? 대체 뭐가 불만이야! 나 좀 살려줘라. 흐엉!)

제 심정을 알 리 없는 키잡이는 목소리를 더욱 높였습니다.

"자, 그럼 노를 가지고 바로 앞에 있는 분을 힘껏 미세요! 단, 빠진 분은 버리고 갑니다. 참고로 여기 동강에는 식인 물고기가 살고 있습니다. 하하핫!"

직원들은 키잡이의 말이 떨어지기 무섭게 상대방을 밀어붙였습니다.

"에잇!"
"이얏!"
"잠만… 어!"

"아얏! 살살 해! 악!"

풍덩! 풍덩! 풍덩!

배 위는 갑자기 전쟁터가 됐고, 한 명씩 물에 빠질 때마다 배가 휘청휘청.

"아아아아아악!"

다른 사람들은 재미있어 했지만 저는 얼굴이 새파랗게 질려서 물에 안 빠지려고 필사적으로 발버둥쳤습니다.

'신이시여, 제발 무사히 도착만 하게 해주세요. 제발! 그냥 혼자 서울 갈 걸, 이게 무슨 미친 짓이람. 내가 미쳤지. 아악!'

래프팅 보트에 올라탄 걸 후회하고 또 후회했지만, 여기까지 왔는데 어쩌겠습니까? 헤엄쳐서 갈 수도 없고… 끝까지 가야죠. 흐흐흑!

여기저기 물에 빠진 직원들을 키잡이는 그냥 꺼내주지 않았습니다. 꼭 양쪽 어깨를 잡고 몇 번 물속에 넣었다 뺐다 헹군(?) 뒤에야 배 위로 건져 올리더군요.

그때마다 배가 기우뚱기우뚱, 빠질락 말락, 이럴 때마다 간이 콩알만 해졌다가 커졌다가…. 아놔! 피터, 돌아버리겠습니다. 여기서 제명을 다 깎아먹네요. 엉엉엉!

또다시 시작된 강행군. 그리고 육지에 도착!

드디어, 드디어, 무사히 도착했습니다! 진짜 땅에다 뽀뽀하고 싶더군요.

'땅아, 네가 얼마나 그리웠다고! 얼마 만에 밟아보는 땅이냐! 살았다, 하하하!'

기뻐서 속으로 괴성을 지르고 있는데 갑자기 키잡이가 말했습니다.

"여기서 20분 쉬고 다시 출발합니다! 그러니 멀리 가지 마세요!"

(으엥? 아직 끝난 거 아니야? 안 돼! 안 돼야!)

그러고 보니 거기는 육지가 아니라 섬이더군요. 다리가 풀리면서 그 자리에서 주저앉고 말았습니다.

'허엉, 또 가야 해!'

나중에 여기서 찍은 단체 사진을 봤는데 저만 공포에 질린 얼굴이더군요.

다시 시작된 지옥 훈련! (도대체 누가 래프팅 하러 가자고 말 꺼낸 거야.)

도착 지점에 가까워질수록 물살이 거세져 바위에 부딪힐 뻔하고, 배가 뒤집어질 뻔하고, 물도 엄청 튀고…. (엄니, 아부지, 이 못난 소자는 먼저 갈 것 같습니다. 병원에서 만나요. 흐흑!)

 그나마 조금 안심이 되는 건, 어떻게든 배가 안 뒤집어지게 하려고 용을 쓰던 근육맨 키잡이 덕분에 그때까지는 물에 빠지지 않고 무사히 온 것입니다.
 '키잡이야, 무사히 도착만 하게 해다오. 당장 달려가 뽀뽀해 주마!'
 잠시 후 목청껏 소리를 지르는 근육맨 키잡이.
 "여러분, 바로 저기만 지나면 끝입니다. 힘내세요!"
 "저기… 허걱!"
 키잡이가 가리킨 곳은 포클레인으로 바닥을 파서 만들어 놓은 급!급!급! 물살! 더군다나 포클레인 기사가 일하다 말고 점심을 먹으러 갔는지 포클레인만 덩그러니 걸쳐 있었습니다. 즉, 포클레인 팔 밑으로 폭포처럼 떨어지는 급류를 통과해야 한다는 건데… 뜨악!
 키잡이는 마지막 신호를 보냈습니다.
 "자, 다들 꽉 잡으세요. 갑니닷!"
 (안 돼. 안 돼. 저긴 안 돼! 야이, 미췬ㅅ꺄! 크악!)

 얼마나 지났을까요? 어떻게 도착했는지도 모릅니다. 몰라요. 순간 하늘이 노래지고 세상이 뒤집어졌다는 것

밖에는…. 어느새인가 저는 땅에 대자로 누워 있었습니다. 무슨 일이 일어난 건지….

다행히 조금 젖었지만 아직 멀쩡한 옷. 랩으로 칭칭 감은 배도 멀쩡! 그렇습니다. 결국 물에 한 번도 안 빠지고 무사히 다시 땅을 밟은 겁니다!

'복막투석하는 동안 앞으로 다시 이 짓을 하면 내가 팅커벨이닷!'

그렇지만 래프팅 후 밥을 먹는데, 묘하게 긴장이 안 풀리고 계속 흥분 상태더군요. 밥이 코로 들어가는지, 입으로 들어가는지…. 정신은 공포에 질렸는데 몸은 래프팅을 아주아주 신나게 즐긴 듯했습니다. (이런 배신자 같으니!)

그래도 정말 색다르고 재미난 경험이었습니다. 하지만 다음엔 절대 이런 미친 짓 안 하렵니다. 제명까지 못 살 듯싶네요. 하하하.

> 한탄강이 더 재밌다고 하던데… 아직도 정신 못 차린 피터

4.
꿈은 꾸는 게 아니라
앞을 향해 나아가는 것

누구나 한 번쯤은 꿈을 가진 적이 있고, 그 꿈을 이루기 위해 많은 노력을 합니다. 그 꿈을 이루고 나면 꿈은 현실이 되죠. 그러면 또 다른 꿈을 가지게 되고, 그 꿈을 이루기 위해 또다시 달리게 됩니다. 꿈을 가지고 그걸 좇고…. 그래서 꿈을 가진 사람은 행복하다고 합니다.

"꿈"이란 무엇인지 사전에서 찾아본 적이 있습니다.
1. 잠자는 동안에 깨어 있을 때와 마찬가지로 여러 가지 사물을 보고 듣는 정신 현상

2. 실현하고 싶은 희망이나 이상

3. 실현될 가능성이 아주 적거나 전혀 없는 헛된 기대나 생각

저도 그동안 많은 꿈을 가졌습니다. 초등학교 저학년 시절, 미래의 꿈에 대해 발표하는 시간이 있었습니다. 또래 아이들의 꿈은 대부분 대통령, 과학자, 선생님, 경찰관 등이었지만, 당시 제 꿈은 "버스 운전기사!"였죠. 큰 버스를 운전하는 기사 아저씨가 어린 제 눈에는 상당히 멋있게 보였습니다.

물론 제가 발표할 때 아이들은 킥킥거리며 비웃었지만, 대통령이나 과학자들이 운전할 수 없는 버스를 오직 버스 운전기사만이 운전할 수 있다는 것이 아주 대단한 일이라고 생각했습니다. 지금 생각해 보니 대통령이나 과학자보다는 좀 더 현실적인 꿈이 아니었나 싶습니다. 하하하.

초등학교 4학년, 신장 이식을 하고 집에서 요양 아닌 요양을 하고 있을 때였습니다. 자랑스러운(?) 대한민국의 어머니는 그 꼴을 못 보시죠. 엄친아(엄마 친구 아들)는 우등상도 받고, 대회에 나가 메달도 따오고 번쩍번쩍

잘나가는데, 당신 자식은 아프다는 핑계(?)로 놀고 있으니, 아무리 이식을 하고 몸이 아프다지만 복장이 터지셨겠죠.

그렇다고 아직 아픈 애를 등 떠밀어 학교에 보낼 수는 없고…. 엄마는 '뭐든 배워야 나중에 먹고산다. 앞으로 네 병원비는 네가 벌어야지' 하며 살살 꾀더니 어느 날 갑자기 저를 컴퓨터 학원으로 보내셨습니다.

어린 시절 순수(?)하기만 했던 저에게 사회가 얼마나 비정한지 알려주려는 의도셨던 것 같습니다.

하지만 당시 컴퓨터는 인터넷은커녕 대부분 오락기 대용으로 쓰던 시절이라, 저는 '실컷 오락을 할 수 있겠다!' 싶어 신이 났습니다.

컴퓨터 학원에 등록하고 처음부터 배우기 시작한 컴퓨터 프로그램. 호기심이 많았던 저는 프로그램을 만들어 입력하면 그대로 척척 실행되는 게 너무나도 신기했습니다. 오락할 생각은 이미 기억 저편으로 사라져버리고, 컴퓨터 프로그램의 매력에 푹 빠져버렸죠.

그래서 그 이후로 꿈을 바꿨습니다. 다른 아이들처럼 '과학자'로요. 영화에서 과학자들이 흰 가운을 입고 컴퓨터에 뭔가를 입력하는 장면을 보고, '그래, 내가 가야 할 길은 저거다!'라고 생각했습니다. 그냥 과학자가 아니라 "프로그램을 만드는 과학자!"요.

컴퓨터 학원을 다니면서 상당히 열심히 배웠던 것 같습니다. 그러다 보니 공부는 뒷전이 되어버렸죠. 하지만 대한민국 어머니들에게는 공부가 앞전(?)이라, 1년간의 요양 후 학교로 복학하면서 결국 컴퓨터 학원은 더 이상 다닐 수 없었습니다.

그러나! 원래 자식들은 부모 말을 지지리도 안 듣죠. 특히 하지 말라면 더 하는 청개구리 스타일이었던 저는 학원을 안 보내주니 서점에 가서 책 사다가 혼자 독학을 했습니다. 가끔은 학습지 산다고 뻥치고 컴퓨터 책을 사서 몰래 보다가 엄니한테 걸려서 먼지 나게 맞은 적도 수두룩합니다.

이 웬수 같은 자식이 보라는 교과서는 안 보고 맨날 컴퓨터 책만 보고 앉아 있으니…. 엄니는 "저 놈의 컴퓨터를 망치로 부숴 버릴 거다!"라고 협박을 하셨지만, 이에 굴하지 않고 열심히 키보드만 두들겼습니다. 때문에 컴퓨터를 사주신 아부지만 엄니한테 잔소리를 들으며 들들

볶였답니다. 하하하.

 그렇게 컴퓨터에 푹 빠진 덕분에 나중에는 "프로그래머"라는 꿈을 가지게 되었습니다. 그리고 고3 시절 진학 상담 시간 때, 대학은 어디든 상관없으니 컴퓨터 관련 학과를 가겠다고 했습니다. 하지만 선생님은 단호하게 말씀하셨죠. 네 성적으로는 꿈도 꾸지 말라고.
 하긴 제 성적으로는 인기 과를 가기 힘들 테고, 게다가 몸도 안 좋으니 그때부터 날밤 새며 죽어라 공부한다고 해서 성적이 급상승할 리도 없었죠.
 엄니께서도 그냥 다른 과를 선택해서 졸업한 뒤 안정적인 공무원을 하라고 말씀하셨지만, 왠지 속에서 욱 하더군요. 성적이 안 좋다고, 더군다나 몸이 안 좋다고 해서 시도조차 해보지 않고 꿈을 포기한다는 게 정말 싫었습니다.
 그래서 청개구리 스타일답게 무대뽀로 원서를 넣었습니다. 제가 죽어도 컴퓨터 관련 학과를 가겠다고 우기니 선생님도 마지못해 원서를 써주시더군요.
 그리고 그리 좋은 대학은 아니었지만 결국 컴퓨터 관련 학과에 갈 수 있었습니다.

하고 싶었던 공부라 그런지 태어나서 처음으로 공부가 재미있었습니다. 장학금도 몇 번 타보고 그러다 보니 자만심에 우쭐하기까지 했죠. (이 상태까지 가면 치료약이 없죠. 충격요법밖에는…. 하하하!)

하지만 그 자만심은 오래가지 않았습니다. 졸업 전에 아르바이트로 시작한 첫 회사에서 만난 팀장님 앞에서 제 실력은 새 발의 피였습니다. 팀장님을 볼 때마다 컴퓨터 프로그램의 신을 만난 기분이었죠.

매일 욕을 얻어먹어 가며 죽어라 일하면서도, 새로운 세상을 만난 느낌으로 정말 재미있게 일했던 것 같습니다. 하나라도 더 배우기 위해 자존심 같은 건 백만 년 전에 엿 바꿔 먹었죠. 하하하!

거의 매일 야근하고 밤에는 기계 복막투석을 하며 일주일이 어떻게 흘러가는지도 모를 정도로 정신없이 보냈습니다. 가끔은 불평불만도 있었지만, 바쁘고 힘든 가운데서도 왠지 보람도 느껴지고 즐거웠습니다.

새로운 걸 배울 수 있다는 것에, 몸이 아프지만 일을 할 수 있다는 것에, 그 일이 제가 원했던 일이었다는 것에, 그리고 그것이 꿈을 이루기 위한 것이기에 힘들어도 지치지 않았던 것 같습니다.

그러나… 그 후 3년간 지독한 복막 합병증 때문에 모든 걸 내려놓아야 했습니다. 당시에는 살아있는 것만으로도 다행이었기에 꿈도, 미래도 잊은 채 오직 '오늘 하루'만을 위해 살아야 했습니다. 자연히 '꿈'이라는 단어도 제 머릿속에서 사라져버렸습니다.

하지만 이렇게 허무하게 무너지는 게 너무나도 억울했습니다. 그래서 의사들이 포기했든 어쨌든 저는 이를 악물고 버텼습니다. 일단 살아있어야 꿈을 이루든 뭐든 하지 않겠어요.

그리고… 저는 기적처럼 살아났습니다.

하지만 세상살이에 이리 치이고 저리 치이다 보니 어느새 제가 꿈을 가졌다는 사실조차 잊게 되더군요. 하나둘 꿈을 잃어가는 동안 후회만이 가슴속에 남았습니다. 그러던 중 재작년에 심정지로 하늘나라 입구까지 다녀오고 나서야, 이젠 그 꿈들을 더 이상 미룰 수 없다는 생각이 들었습니다.

이제, 잊고 있던 꿈들을 조심스럽게 꺼내봅니다. 많이 무뎌지고 바래버렸지만 아직은 소중한 제 꿈들이기에 하나둘씩 다시 갈고 닦으려고 합니다.

> "아무리 힘든 일이라도, 자신이 원하는 일이라면 별다른 고통을 느끼지 않는 게 아닐까?"

예전에 제 홈페이지에 적어두었던 문장입니다. 그리고 일이 힘들 때마다 항상 이 말을 되뇌곤 합니다. 힘들고 불안한 직업이라 주위에서도 걱정을 많이 합니다. 웬만하면 안정적인 직업을 선택하라고 권하기도 하죠.

하지만 저는 "몸도 안 좋으니 하지 마"라는 말보다는, "몸도 안 좋은데 해내는구나"라는 말을 듣고 싶습니다. 그래서 힘들면 힘들수록 더욱 포기하고 싶지 않습니다.

"사람의 발을 붙잡는 것은 절망이 아니라 체념이고, 사람을 앞으로 나아가게 하는 것은 희망이 아니라 의지"라고 합니다. 절망은 이겨낼 수 있지만 포기하면 모든 게 끝나는 겁니다. 그리고 단지 꿈을 꿈꾸는 것이 아니라 그 꿈을 향해 실제로 나아가 보는 겁니다.

작은 꿈이라도 하나씩 이루어나가다 보면 자신이 살아 있음을 느끼게 될 겁니다. 몸이 아파서 꿈을 이루기 어렵다면, 되든 안 되든 일단 도전해 보고 나서 포기해도 늦지 않습니다. 적어도 처음부터 포기하는 것보다는 후회는 덜할 테니까요.

그리고 나중에라도, 언젠가는 이루겠다고 잠시 손에서 내려놓든 아니면 또 다른 꿈을 가지게 되든, 아직은 이루고 싶은 꿈이 있다는 것 자체가 삶의 이유가 되지 않을까 싶습니다.

마지막으로, 언젠가는 '꿈은 이루어질까?'에서 '꿈은 이루어진다!'라고 말할 수 있는 그날까지 열심히 달려보려고 합니다. 그저 달려가고 있는 제 스스로가 대견하고 행복하기에….

'최후의 꿈은 세계 정복이닷!'이라고 혼자 외치는 피터

수술 이야기, 넷

난 아직 살아있다2
_ 계속 잘 살 거다

• **난 아직 살아있다**

얼마나 지났을까…. 눈을 떴습니다. 정신이 몽롱하고, 지금 살아있는 건지 죽은 건지, 여기가 어디인지, 아무런 판단이 서질 않았습니다. 세상이 빙글빙글 돌더니 다시 서서히 눈이 감겼습니다.

또 얼마나 시간이 흘렀을까. 주변 소리에 다시 눈을 떴습니다. 어머니가 보이고, 동생이 보이고, 절친한 친구도 보였습니다.

"피터야, 괜찮니? 엄마 보여? 말해 봐!"

"으… 어… 여기가…?"

"중환자실이야. 너 수술 잘됐대. 잘됐어…. 흐흑!"

"나… 살… 은 거… 야…?"

"임마! 그래, 너 살아있다. 걱정 말고 빨리 회복해라."

옆에 있던 친구도 우는 건지 웃는 건지 모르겠지만 목이 멘 소리로 얘기했습니다.

"어… 나 살아… 구나… 헤… 헤…."

뭐가 어떻게 된 건지 정신도 차리지 못하는 상태에서 그래도 살았다는 생각에 희미하게나마 미소가 지어졌습니다. 저는 아직 살아있습니다.

나중에 들었는데, 외과 의사 열 명이 교대로 여덟 시간 동안 수술을 했다고 하더군요. 어머니 말씀으로는, 수술 후 나온 박샘 모습이 사람 몰골이 아니었다고…. 하하하!

중환자실은 정해진 시간 외에는 면회를 할 수 없었기에, 홀로 있는 동안은 고통과 싸워야 했습니다. 배를 얼마나 찢었는지 통증이 계속되고, 링거는 주렁주렁 여러 개였으며, 옆구리에 꽂아 놓은 호스에서는 쉬지 않고 무언가가 흘러나왔습니다. 콧구멍에는 콧줄과 산소호흡기까지 꽂혀 있어서 숨 쉬기도 힘들었습니다.

게다가 계속 기침이 나와 가래를 뱉어야 했고, 기침할 때마다 배에 힘을 주니 수술한 부위가 찢어질 듯 아팠습니다. 또한 폐가 쪼그라든 상태라 폐 확장 기구로 계속 숨을 들이마시면서 폐를 펴야 했습니다. 안 그래도 숨이 찬데 이게 더 고역이었습니다. 안 하면 폐렴으로 진행될 수 있기 때문에 어쩔 수 없었죠. 숨을 들이마실 때마다 배에 힘을 줘야 했는데, 그때마다 죽을 듯이 아팠습니다. 그렇다고 안 하면 간호사가 옆에서 폭풍 잔소리를 시전했죠. 젠장!

중환자실은 창문도 막혀 있어서 도대체 내가 얼마나 그곳에 있었는지 알 수 없었습니다.

어느 날 외과 박샘이 와서 제 상태를 보시더니, "이젠 너 스스로 장을 움직여야 한다. 그러니 이런 거 빼!" 하고 무식하게 콧줄을 확 잡아 빼버리더군요. 코가 떨어져 나가는 줄 알았습니다.

코에서 줄을 빼니 숨 쉬기가 좀 편해졌지만 그 다음 날부터 계속 위액을 토하고…. 아직은 때가 아니었던 거죠. 무식한 샘 같으니! 어쩔 수 없이 다시 콧줄을 넣었는데, 다음 날 박샘이 와서 또다시 잡아 빼고…. 우왁, 씨!

박샘이 오실 때마다 코부터 가렸지만 소용없었습니다. 코는 얼얼, 속은 계속 뒤집어지고…. 아이고, 이거 돌겠더군요.

- **소독하다 죽을 수도 있겠구나!**

그 후 상태가 호전되어 일반 병실로 옮겨졌습니다. 그런데 얼마 지나지 않아 청천벽력 같은 소리를 들었습니다.

설마 했는데… 수술 부위를 열어놔야 한답니다. 세상에, 수술 부위가 아직 아물지도 않았는데 배를 열어놔야 한다니! 배를 20센티 이상 쨌는데….

'이걸 전부 열어? 농담이겠지. 이미 꿰맨 배를 어떻게 다시 열어놓는다는 거야?'

하지만 투석 환자는 혈액순환이 좋지 않아서 배를 닫아두면 속에서 괴사가 일어날 가능성이 높다고 하더군요. 그래서 배를 열어두고, 속에서부터 살이 차오르며 자연스럽게 아물게 해야 한다는 것이었습니다.

'그럼 감염 위험은?'

그래서 하루에 세 번씩 소독을 해야 했습니다. 그것도 열린 배 속의 생살을…. 그래서 일부러 배를 꿰매지 않고 커다란 스테이플러로 찍어놓기만 했다고….

'사람 배가 종이 쪼가리도 아니고 스테이플러로 찍어놓다니! 게다가 배를 열어놔? 이 사람들 미친 거 아냐? 돌겠네!'

드디어 배를 열고 소독을 시작했습니다. 배 안쪽 생살을 소독약으로 빡빡 닦아내는데, 이런 고통은 생전 처음이었습니다. 무통 주사고 나발이고 아무 효과도 없었고 눈알이 뒤집힐 정도로 아팠습니다. 제가 비명을 지르자 외과 레지던트가 하는 말이 가관이더군요.

"소독하다 죽은 환자는 없거든요. 좀 참으세요!"

(이 새꺄! 네가 한번 해봐!) "아아아아악! 으아악! 아억!"

이 짓을 하루에 세 번이나 해야 한다니…. 소독 시간만 되면 몸이 공포에 질려 저절로 떨렸습니다.

게다가 더 황당한 건, 제가 너무 아파하니까 나중에는 암 환자들이 쓰는 진통제 파스를 가슴에 딱 붙여주더군요. 이거 효과가 짱입니다. 붙이자마자 눈이 헤까닥 뒤집히고, 고통이 사라지고, 정신이 몽롱해지면서 바로 기절!

나중에 알고 보니, 제 무통 주사가 사흘 동안 고장 나 있었습니다. 어쩐지 아무리 눌러도 진통 효과가 없더라니…. 덕분에 사흘간 일생일대의 고통을 맛보았습니다. 빌어먹을!

여담으로, 외과 의사와 내과 의사가 번갈아 가면서 하루 세 번 소독을 해주었는데, 내과 의사는 아주 섬세하게 "아파요? 아프면 말씀하세요" 하며 살살 소독해 주는 반면, 외과 의사는 무식하게 "소독한다고 안 죽어요. 아파도 참아요!" 하며 빡빡, 무지막지하게 소독을 해주더군요.

죽일 놈의 외과 놈들이지만, 그래도 덕분에 이렇게 살아있으니

할 말 없습니다. 속으로만 분을 삭일 수밖에.

• 괴짜샘 박샘

그리고 드디어 올 것이 왔습니다. 우리의 터프가이, 괴짜 박샘! 아침 회진 오시자마자 저를 퍽 때리셨습니다.

"너 언제까지 누워 있을래? 이제 일어나서 걸어. 걸어야 장이 움직이지. 빨리 안 일어나?"

그 당시 저는 링거 세 개에, 일명 수류탄이라고 불리는 작은 피주머니 여섯 개, 대형 고름 주머니 두 개를 달고 있었습니다.

"이런 상태에서 어떻게요?"

"두 다리 멀쩡하잖아. 괜찮아. 걸어. 내가 다음에 왔을 때도 누워 있으면 혼날 줄 알아!"

"… 예."

그날 이후로 환자 보행기에 의지하면서 하루에도 몇 번씩 걷고 또 걸었습니다. 일단 안 맞으려고요. 그런 몸으로 거의 발을 질질 끌다시피 하며 좀비처럼 걷는 저를 보고 다른 환자나 간호사들이 참 독한 환자라고 하더군요. 하하하!

그래도 그렇게 악착같이 걷다 보니 회복 속도가 점점 빨라졌습니다. 링거도 하나둘씩 줄고, 수류탄도 하나둘씩 떼고, 수술 부위 속살도 점점 차오르고, 소독할 때의 아픔도 점점 줄어들었습니다.

그리고 드디어 나온 첫 식사. 조금밖에 못 먹었지만, 한입 꿀꺽 삼키는 순간 속으로 스르륵 내려가는 이 느낌! 정말 얼마 만에 느껴보는 건가. 흐흐흑! 예전처럼 속이 뒤집히거나 도로 나올 것 같은 느낌이 전혀 없었습니다.

그날 밥은 정말 눈물을 흘리며 먹었습니다. 먹을 수 있다는 게 이렇게 행복한 건지 태어나서 처음 알게 되었습니다. 누가 눈물 젖은 죽이 맛없다고 했는가!

그 후로도 계속된 박샘의 갈굼과 구박을 꿋꿋이 버텨내며 걷고 또 걷고…. 그리고 열심히 먹고 또 먹고…. 점점 몸에 살이 붙으면서 체중이 늘기 시작했습니다. 다시 살아난 이 느낌! 평생 절대 잊지 못할 겁니다.

• 퇴원

2006년 8월 16일. 수술한 지 두 달 만에 퇴원을 했습니다. 4월 말에 병원에 들어갔으니 거의 넉 달 만에 나온 것이었습니다. 병원을 나온 순간 세상이 너무나도 다르게 보였습니다. 이제 투석도 아무것도 아닌 것처럼 느껴졌고, 내가 이렇게 살아서 걸을 수 있다는 것이 신기하고 또 신기했습니다.

  그리고 그동안 못 먹다 보니, 세상에 이렇게 맛있는 게 많은 줄 몰랐습니다. 이제 세상에 있는 맛있는 건 다 먹어보리라, 굳은 결심을 했죠. 아직은 몸무게를 불려야 하기에 식이요법은 당분간 안녕! 퇴원 후 처음으로 아이스크림을 먹었는데 입에서 슬슬 녹는 게 얼마나 맛있던지…. 크크큭!

  수술한 지 딱 1년째 되던 해, 몸무게가 38킬로에서 63킬로로, 무려 25킬로그램이나 늘었습니다. 걷는 건 물론 뛰어다닐 수도 있었습니다. 여전히 먹는 것에는 사족을 못 쓰며 하루 세 끼 꼬박꼬박 챙겨 먹었습니다.
  이제는 굶는 건 질색입니다. 저보다 이전에 같은 수술을 하신 분들은 이 정도까지는 아니었다고 하더군요.

  2007년 1월부터는 직장도 다시 나갔습니다. 먹질 못할 때는 조금만 움직여도 픽픽 쓰러졌는데(동생한테 업혀서 투석 받으러 간 적도 있고… 흑!) 이제는 이렇게 움직일 수 있고 먹을 수 있다는 게 얼마나 감사한지… 모든 게 꿈만 같았습니다. 다 죽어가던 제가 지금 이렇게 멀쩡하게 살아있습니다.

제가 수술 후 주위 분들에게 들었던 말들은….

- 어머니 : 너 참 명줄 길다. 하하하! 그런데 용케도 이렇게 다시 사는구나. 그래도 이렇게 살아줘서 고맙다, 고마워.
- 동생 : 형, 진짜 독하다. 나 같으면 걍… 어휴! 퇴원하면 맛있는 거 먹으러 가자.
- 안샘 : 내가 너 수술실 들어가서 못 나올까 봐 얼마나 조마조마했는 줄 아니? 진짜 다행이다, 이렇게 잘돼서!
- 박샘 : 이거 절대 소문내지 마! 나 다시는 이 수술하기 싫다! 너도 다시는 오지 마!
- 오샘 : 이 정도는 아주 드문 케이스야. 잘돼야 겨우 하루에 밥 반 공기 정도 먹을 수 있는데 말이지.
- 투석실 수간호사님 : 이건 잘된 정도가 아니라 기적이야, 기적! 그때 투석실 올 땐 피골이 상접했는데 지금은 누군지 몰라보겠다. 정말 잘됐다.
- 소독하던 외과 의사 : 솔직히 수술실 들어갈 때는 모두 반신반의했습니다. 그런데 이렇게 잘될 줄은 누구도 예상 못 했습니다.
- 병동 간호사 : 지금에서야 하는 말인데요, 그 당시 의사 선생님이고 간호사고 모두들 '쟤는 안 된다, 힘들겠다' 하며 포기했죠. 근데 이렇게 좋아질 줄이야…. 지금은 다들 못 알아볼

정도예요.

- 그때 그 신부님 : 시몬(피터) 군이 아직 세상에서 해야 할 일이 남아있어 그분이 안 데려가신 것 같네요. 수술이 잘돼서 저도 기쁩니다.
- 의대 다니던 친구 : 예전에 너라면 벌써 5년 전에 죽은 목숨이야. 진짜 장하다. 정말 축하한다.
- 절친한 선배 : 이제 그만 먹어, 이 슈퍼돼지야!
- 친구 맞는지 의심되는 친구 : 어? 아직 살아있었네. 살아있는 기념으로 한턱 쏴!
- 마지막으로 어머니의 무시무시한 한마디 : 이제 몸도 나았으니 나가서 병원비 벌어와야지? 홍홍홍!

여전히 일주일에 세 번은 투석을 하고, 매일 스무 알씩 약을 먹고, 먹는 것에도 제약이 많습니다. 또한 할 수 있는 일도 제한적이며 힘들고 지칠 때가 많습니다. 그럼에도 불구하고 아직은 할 수 있는 게 있고, 하고 싶은 것도 많고, 무엇보다 저를 사랑하는 가족이 있기에… 세 번째로 얻은 삶, 포기할 수 없습니다.

• 그 후 이야기

수술한 지 얼마 안 되었을 때 박샘이 저한테 와서 "나중에 퇴원하면 뭘 제일 먹어보고 싶냐?" 하고 물으셨습니다.

"산에 올라가서 김밥 한 번 먹어보는 게 소원입니다."

"하하하, 그 소원 꼭 이뤄라."

그리고 퇴원 후 첫 외래 진료 때 박샘이 다시 물으셨죠. 그때가 11월이었습니다.

"그래, 산에 가서 김밥은 먹었냐?"

"아뇨. 요즘 날씨가 추워서 따뜻해지면 가려고요."

"아니, 젊은 놈이 말이야, 뭐가 춥다고!" (퍽!)

언제쯤 한 번이라도 안 맞고 넘어갈 수 있을는지….

피터는 아직 살아있다

40년간 투병 생활을 하면서
많은 이들을 하늘로 떠나보냈습니다.
그리고 아직 저는 여기에 남아있습니다.

죽음의 문턱까지 갔다 오니
하루하루가 너무나도 소중합니다.
앞으로도 끝을 알 수 없는 투병 생활이겠지만,
어떻게 하면 아내와 더 행복할지,
그것만 생각하기로 했습니다.

제 5 장

살아있습니까? 그럼 살아야 합니다

1.
운빨 생존기
_ 구사일생도 반복되면 일상?

• **외로워도 슬퍼도 나는 안 울어. 이래도!**

제가 중학생이던 시절, 1990년대 초쯤의 일입니다. 당시 엄니께서는 H대학교 근처에서 하숙집을 운영하고 계셨죠. 그 시절 대학교 근처에서는 자주 데모(시위)가 벌어졌습니다.

역시나 이 대학에서도 데모를 자주 했고, 데모가 시작되면 전경들이 떼로 몰려왔죠. 돌멩이, 병, 온갖 잡다한 것들이 날아다니고, 최루탄이 터지고, 피가 터지고, 마빡 깨지고…. 완전 이판사판, 난장판, 개판이었습니다.

그때 저는 중학생이라 학생들과 전경들이 왜 그렇게 싸

우는지 몰랐습니다. 우리 집은 학교에서 약 300미터쯤 떨어져 골목 안쪽에 있었기 때문에 직접적인 피해는 없었지만, 최루탄 냄새만큼은 장난 아니었습니다. 학교와의 거리가 있었음에도 이놈의 최루탄 냄새는 2~3일 동안 온 동네를 휘감고 있었죠.

그러던 어느 날 저녁, 엄마는 부엌에서 저녁을 준비하고 계셨고 저는 엄마 심부름으로 가게에 가려고 대문 앞으로 나갔습니다. 그때 마침 학교 쪽에서 시끌벅적한 소리가 들리더군요.

'또 데모 시작이구나. 작작 좀 하지!'

이렇게 중얼거리는 순간, 대문 앞에 서 있던 제 옆으로 검은 물체가 툭 떨어졌습니다.

"어?"

갑자기 그 검은 물체에서 연기가 푸쉬쉬쉬 나면서 혼자 발광(?)을 시작했습니다. 이 연기… 그리고 코를 찌르는 그 익숙한 냄새….

"최루탄! 이런, 시빌라이제이션!" (시빌라이제이션 Civilization, '문명'이라는 뜻과 이 글의 내용과는 아무 상관이 없습니다. 하하하!)

집 안으로 황급히 뛰어 들어갔지만, 이미 독가스(?)가 몸으로 투입된 상태라 온갖 액체가 눈, 코, 입으로 쏟아져 나왔습니다. 커억!

집 안으로 들어온 최루탄 가스 때문에 저희 집은 순식간에 화생방 훈련소로 변했습니다. 저를 포함해 밥하던 엄마, TV 보던 동생, 몇몇 하숙생 형님들까지 다들 대성통곡을 했죠. 특히 동생은 축농증이 있는 상태라 거의 거품을 물고 울고 있었습니다. 엉엉엉….

아니, 저희 집뿐만 아니라 동네 전체가 화생방 실전 훈련소가 되어버렸습니다. 여기저기서 울부짖는 소리가 들렸죠.

엉엉엉… 흑흑흑… 매워! 아악, 따가워!

(아흑… 띠부럴!)

온 동네가 완전 개판이 되었습니다.

짬밥도 안 되는 쫄따구 전경이 쏜 건지 아니면 이승엽 같은 대학생이 날아오는 최루탄으로 홈런을 날린 건지 모르겠지만, 어찌 되었건, 하필 최루탄이 우리 집 대문 앞에 떨어진 거죠. 그 때문에 우리 집은 가장 큰 피해를 입었고, 그날 저녁은 우리 집 하숙생을 포함해 우리 가족 모두가 눈물 젖은 라면으로 끼니를 때웠다는 슬픈 이야기가 전해옵니다. 흐흑!

너도 맵냐? 나도 맵다. (엉엉엉… 아흑, 따가워!)

- **가늘게 길게**

때는 1994년, 제가 복막투석을 하던 고등학교 2학년 시절이었습니다. 당시 저희 집은 강북, 학교는 강남에 있었기 때문에 통학을 하려면 항상 한강을 건너야 했습니다.

그때는 아침마다 시간 맞춰 복막투석을 해야 했던 터라, 아부지께서 항상 저를 학교까지 데려다주고 출근하셨습니다. 복막투석을 하면 배도 무겁고 가방도 무겁기 때문에, 도시락까지 챙겨서 한 시간 넘게 전철을 타고 학교까지 가는 건 정말 고역이었거든요. (물론 다 핑계지만…. 하하하!)

그러던 10월 어느 이른 아침, 잠이 덜 깬 채 비몽사몽 투석액을 교환하고 있는데, 갑자기 엄마께서 오늘은 전철 타고 등교하라고 하셨습니다. 엥? 알고 보니, 아부지께서 아침 일찍 출장을 가셔야 한다더군요.

(아부지만 믿고 룰루랄라 여유 부리고 있었건만…. 아이고, ㅈ됐네.)

그날따라 왜 그렇게 약이 늦게 들어가는 건지…. 급한 마음에 투석 마치자마자 눈썹이 휘날리게 달리고 싶었지만, 이놈의 출렁거리는 배와 무거운 가방 때문에 뛰기도 힘들더군요.

어쨌든 전철을 타고 한강을 건너 힘들게 힘들게 학교에 도착했습니다. 다행히 5분 차이로 지각을 면하고 헉헉거리며 자리에 앉았는데, 이상하게 교실이 술렁거렸습니다. 그리고 한 친구가 격앙된 목소리로 엄청난 소식을 전했습니다.

"야, 한강 다리가 무너졌대."

"진짜? 에이, 뻥치지 마!"

"진짜라니까! 아까 라디오에서 들었어!"

아이들은 "진짜야?" 하고 놀라면서 술렁거렸습니다. 저 또한 무슨 소리인가 싶어서 되물었죠.

"야, 무슨 다리가 무너졌다는 거야?"

"그게… 성수대교래."

(성!수!대!교!)

그때 담임샘이 교실로 뛰어 들어오며 다급하게 소리치셨습니다.

"피터, 학교 왔냐?"

"네? 예… 저 여기 왔….."

"오, 무사하구나. 괜찮으냐?"

"오늘은 전철 타고 와서요."

"다행이다, 천만다행이야! 지금 성수대교가 무너져서 난리 났다!"

그 말을 듣는 순간 머리가 하얘졌습니다. 저도 놀라고, 친구들도 놀라고, 담임샘도 놀란 이유는 항상 아부지 차로 성수대교를 건너 학교에 등교했기 때문이었습니다. 게다가 학교 등교 시간이 여덟 시고 성수대교가 무너진 시각이 일곱 시 사십 분경이었으니, 평소 같았으면 막 성수대교 위에 있을 시간이었던 것입니다. 만약 아부지께서 출장을 안 가셨더라면 전 이미… 헉!

그날은 공부도 안 되고 하루 종일 가슴이 벌렁거렸습니다. 집에 오니 여기저기서 전화가 걸려오고 모두 난리가 났더군요. 쩝!

며칠 뒤 아부지는 다시 그곳으로 출장을 가셨습니다. 덕분에 살았다고, 그분께 술 사주러.

그날 사고로 목숨을 잃으신 분들의 명복을 진심으로 빕니다.

> 고양이 목숨이 아홉 개라던데…
> '전생에 고양이였나?' 잠시 생각해 본 피터. 야옹!

2.
난 메르스 아닌데…
정말 아닌데…

2015년 여름. 다들 기억하시죠? 이때 무슨 일이 있었는지. 바로 전국을 공포에 몰아넣었던 메르스 사태. 하루가 다르게 환자가 늘어나고 안타깝게 목숨을 잃은 분들도 많았습니다. 병원들은 모두 비상사태였으며 사람들은 마스크로 중무장을 한 채 눈에 보이지 않는 바이러스 때문에 두려움에 떨었죠.

그 와중에도 저는 투석을 하러 가야 했습니다. 이런 게 투석 환자들의 비애죠. 흐흐흑! 그래도 외출할 때 마스크 잘 쓰고, 손 잘 씻고 조심하면 문제없을 거라고 생각했습니다. (아휴, 그때를 떠올리면 욕부터 나오네요.)

문제의 그날.

전날 야간 투석을 하고 피곤한 몸으로 출근 준비를 하는데, 병원에서 전화가 왔습니다. '이 시간에 웬일이지?' 하며 받았는데, 내용인 즉, '어제 메르스 의심 환자가 응급실로 왔다. 응급실은 즉시 폐쇄됐고, 환자는 격리 조치 후 검사를 받고 있다. 혹시 모르니, 응급실 옆 투석실 환자들도 전원 격리 조치에 들어간다. 곧 보건소에서 연락할 테니 외출하지 말고 대기하라'는 내용이었습니다.

그리고 곧 보건소에서 연락이 왔습니다. '(투석실에서 했던 얘기 반복) 이러저러하고 여차저차하니 집에서 한 발짝도 나가지 마라. 집 앞 슈퍼도, 문 앞 복도도, 아예 문도 열지 마라. 생필품과 식료품은 정부에서 보내줄 테니 절대 외출 금지. 가족들도 마찬가지. 에브리바디 출타 금지! 외출 금지!' 이런 내용이었습니다. 기억이 가물가물하지만, 요점은 "한 발짝도 나가지 마!"였습니다.

내용이야 어떻든, 오늘 하루 합법적인(?) 이유로 회사를 땡땡이 쳐도 된다는 게 마냥 좋았습니다. 크크크! 단

무지 같은 피터는 상황의 심각성을 모른 채 룰루랄라! "저 오늘 출근 못 해요" 하고 회사에 연락을 했죠.

당시 간병 일을 하시던 어머니는 일주일에 한 번만 집에 오셨고, 그날은 외할머니 댁으로 피신을 하셨습니다. (아싸, 당분간 잔소리도 빠이빠이!)

오후가 되자 초인종이 울렸고, 나가 보니 문 앞에는 커다란 상자가 놓여있었습니다. 배달하시는 분도 초인종만 누르고 잽싸게 사라졌더군요. 열어 보니 보건소에서 보내준다던 생필품과 식료품이 들어있었습니다. 생수, 치약, 칫솔, 마스크, 비누, 과자, 라면, 햇반, 즉석 요리(3분 요리 시리즈) 등등.

'혹시나' 했지만, 역시나 투석식 같은 건 없더군요. 그래도 라면이 있으니 아싸!

그렇게 하루 종일 게임도 하고 만화책도 보며 딩가딩가 신나게 놀았습니다.

그렇게 격리된 지 닷새째. 2~3일만 격리하면 끝나는 줄 알았습니다. 이제 게임도 질리고, 만화책도 다 봤는데…. 밖에 나가지 못하니 답답해 죽겠더군요. 무엇보다

3분 요리와 라면이 지겨웠습니다. 삼겹살을 구워 상추에 싸 먹으면 딱 좋겠구먼. 어흑!

'아씨, 이 지겨운 감옥 생활을 언제까지 해야 하나!' 하고 있는데, 병원에서 연락이 왔습니다. 드디어 격리가 끝나는가 했는데, 청천벽력 같은 소식! 의심 환자가 메르스 확진 판정을 받는 바람에 모든 투석 환자에게 입원 조치가 떨어졌다고…. (에잇, 집에 갇혀 지내는 것도 지겨운데 이젠 병원에서 갇혀 지내라니. 엉엉엉!)

하지만 어쩌겠습니까? 병원에서 오라면 가야죠. 그나마 감사(?)하게도 119에서 직접 데리러 오겠다더군요, 빌어먹을!

병원 갈 준비를 하고 얼마 지나지 않아 초인종이 울렸고, 문을 열자 영화에서나 보던 우주복(?)을 입은 사람들이 들어왔습니다. 그리고 제게 샤워캡 같은 걸 씌우고 신발에도 비닐을 씌웠습니다. 손에는 수술용 장갑과 비닐장갑을 이중으로 끼우고, 마스크도 천 마스크가 아니라 무식하게 큰 방진마스크 같은 걸 씌우더군요.

저는 메르스 환자가 아닌데도 환자로 느껴질 만큼 중

무장을 시켰습니다. 마스크가 답답해서 헛기침을 한번 했더니 옆에 있던 우주인(?)이 흠칫 놀라더군요. (괜찮아. 겁먹지 마. 감염된 지구인 처음 보지?)

그렇게 우주인들에게 연행되어 119 앰뷸런스를 타고 병원으로 갔습니다. 119 앰뷸런스를 몇 번 타보긴 했지만 맨 정신으로 타는 건 처음이라 기분이 묘했습니다.

병원에 도착하자마자 비닐로 도배된 전용 엘리베이터를 타고, 우주인 복장을 한 의료진과 함께 올라갔습니다. 이건 뭐 공포영화에서나 보던 생체실험을 당하는 분위기랑 비슷하더군요. 괜히 주눅이 들었습니다.

병원 입원실 몇 개 층을 비워 투석 환자들에게 1인 1실을 배정했더군요. 제가 배정받은 병실은 큼지막한 5인실이었는데, 침대 하나에 투석기계 하나만 있을 뿐 나머지 집기류는 싹 치워서 휑했습니다. 담당 간호사는 병실 밖으로 절대 나오지 말라며 신신당부를 했습니다.

매 끼니는 도시락으로 제공됐습니다. 그래도 3분 요리나 라면보다는 낫더군요. 하지만 역시나 "병실 밖 출타 금지, 외출 금지!", 다시 감금 생활이 시작되었습니다.

(정말 이젠 하다하다 별일을 다 겪어보네요. 쯧!)

메르스 잠복기가 2~12일 정도라 적어도 열흘 이상 감금 생활을 해야 한다고 했습니다. 투석할 때만 간호사가 우주복을 입고 병실로 와서 투석을 해주고는 그냥 갔습니다.

답답해서 미치고 환장하겠더군요. 병실에서는 우두커니 앉아 할 것도 없고, 투석 외엔 아프거나 특별히 치료를 받는 것도 없었습니다. 게다가 제 덕분에(?) 당시 여자친구(현 마눌님)도 투석실에서 격리되고….

너무 답답해서 병실 문을 살짝 열고 얼굴을 빼꼼 내밀었더니 간호사가 막 뭐라고 하더군요. (녜에, 들어갑니다요, 들어가!)

그렇게 감금된 지 2주째, 드디어 최종 메르스 음성 판정을 받고 퇴원할 수 있었습니다. 다행히 미치지 않고 나올 수 있었는데…. (더 있었으면 분명 미쳐서 빠삐용처럼 대 탈출극을 벌였을지도….)

아뿔싸! 또 하나의 시련이 기다리고 있었습니다. 병원에 올 때처럼 중무장을 하고 119 앰뷸런스를 타고서 집으로 가라는 겁니다. 아니, 메르스도 아니고 아픈 데도 없는데 왜 119 앰뷸런스를 타고 가야 하는 거냐고요!

집에 가면서 뜨끈한 국밥 한 그릇 해치우려던 계획은 수포로 돌아갔습니다. 절차라고 하니 어쩔 수 없이 앰뷸런스를 타고 집으로 향했죠. 샤워캡 같은 걸 쓰고, 무식하게 큰 마스크에 수술용 장갑까지 착용한 채 말입니다.

얼마나 지났을까. 집 앞에 도착해 앰뷸런스에서 내리는데, (참고로 앰뷸런스는 뒤로 내려야 합니다, 뒤로요! 우이쒸!) 때마침 뒤에서 걸어오던 초등학생 두 명과 눈이 마주쳤습니다. 절 보더니, 갑자기 "앗, 메르스닷! 아악! 엄마!" 하고 비명을 지르며 반대 방향으로 도망가는 것이었습니다.

앰뷸런스에서 샤워캡 쓰고 마스크와 장갑으로 무장한 사람이 우주인들과 함께 내리니 얼마나 놀랐겠습니까?

'아, 난 메르스 아닌데…. 정말 아닌데, 쓰벌… 젠장!'

그 후 동네에 소문날까 봐 한동안 또 집밖에 나가지 못하고 칩거 생활을 해야 했다는 슬픈 전설이… 흑흑!

예능보다 더 버라이어티 한 인생을 살고 있는 피터

3.
요단강 건넜다가
3분 만에 부활한 그날

2011년 1월의 어느 날. 그날도 여느 때처럼 충전(투석)하면서 깊은 잠에 빠져 있었습니다. 그런데 충전 중 가장 듣기 싫어하는 소리가 귓가에 들려왔습니다.

"피터님, 이제 끝났어요. 일어나세요."

(충전이 끝난 게 싫은 건 아니고, 단잠을 깨우는 게 싫은 거죠. 하하하.)

그런데 그날따라 몸이 유난히 피곤하더군요. 간호사의 말을 한 귀로 듣고 한 귀로 흘려버리며 계속 꿈속에서 놀고 있었습니다. 제가 너무 깊이 자는 모습이 안쓰러웠는지, 간호사도 더 이상 깨우지 않더군요. (물론 제 생각이지만요.)

얼마나 시간이 지났을까? 푹, 아주 푸욱 잘 자고 기분 좋게 눈을 떴는데…. 어라? 제가 투석실이 아닌 낯선 곳에 누워 있었습니다.

'여긴 투석실이 아닌데? 내가 아직 잠이 덜 깼나?'

두리번거리며 상황을 파악하는 찰나, 갑자기 투석실 수간호사와 간호사들이 우르르 몰려오더니 단체로 얼굴을 들이밀며 너도나도 한마디씩 했습니다.

"피터님, 괜찮아요? 여기가 어딘지 아시겠어요?"

"정신이 들어요? 괜찮아요?"

(으잉? 이게 무슨 소리들인지…. 잠만 잘 자고 일어났구먼. 혹시 내가 자다가 침대에서 번지점프라도 했나?)

그때서야 온몸이 멍든 것처럼 쑤시고 아프더군요. 특히 가슴 쪽이 심하게 아팠습니다. 저는 자면서 잠꼬대하다가 침대에서 떨어진 줄 알았습니다.

수간호사가 걱정스러운 표정으로 차분히 말을 건넸습

니다.

"여긴 응급실이에요. 피터님, 무슨 일이 있었는지 아세요?"

(이건 또 뭔 소리? 내가 왜 응급실에? 분명 투석실에서 잘 자고 있었는데….)

어리둥절해서 수간호사에게 되물었습니다.

"무슨 일이요? 저는 그냥 자고 있었는데요."

"정말 큰일 날 뻔했어요. 피터님이 갑자기 발작을 해서 우리가 얼마나 놀랐는지…. 어휴!"

"아아, 예…."

제가 발작을 했다네요. 전 진짜로 큰일 난 줄 알았습니다. 예전에도 두어 번 그런 적이 있어서 그러려니 했죠. (하지만 사실 이거 정말 큰일 난 겁니다. 무개념 피터!)

"간호사님, 그런데 왜 이렇게 온몸이 아프죠?"

"당분간 몸 여기저기가 좀 아플 거예요. 심폐소생술을 하면 가슴을 강하게 압박해야 해서…. 특히 심장 쪽이 많이 아플 겁니다."

"예? 심폐소생술이요? 그걸 왜 저한테요?"

(심폐소생술이라니! 그거 심장이 멈췄을 때 하는 응급처치 아닌가?)

제가 알고 있는 심폐소생술은 심장마비가 오거나 물에 빠져서 사람이 꼴까닥하기 직전일 때 하는 응급 처치인데…. (그걸 나한테 왜? 그럼… 내가 죽었었나? 아니, 내가 아직 잠이 덜 깼나? 도대체 무슨 일이 있었던 거지?)

옆에 있던 다른 간호사가 말을 보탰습니다.

"아까 난리도 아니었어요. 피터님이 발작하다가 심장이 멈춰버리는 바람에 응급팀 의사들이 뛰어오고, 심폐소생술 하고…. 정말 다들 얼마나 놀랐는지…."

또 다른 간호사가 한마디 더했습니다.

"아이고, 피터님! 제발 좀 놀래키지 마세요. 근데 이제 좀 정신이 들어요? 우리가 누군지 알아보겠어요?"

"정말 심폐소생술 안 했으면 큰일 날 뻔했어요. 3분 이상 뇌에 산소 공급이 안 되면 그땐 깨어나지도 못 해요."

마지막으로 수간호사의 말까지 듣고 나니 대략 상황이 짐작됐습니다.

간단히 말하면, 제가 투석을 거의 마칠 무렵 발작을 했고 그로 인해 심장이 멈췄으며 심폐소생술로 다시 살아났다는 이야기였습니다. 무슨 남의 일처럼 얘기하지만 바로 제게 일어난 일이었죠. 큭!

당시에는 잠이 덜 깨서 그런 건지 아니면 뇌에 몇 분 동안 산소가 공급되지 않아서 그런 건지, 심각하게 받아들이지 않았습니다. 하지만 다시 생각해 보니 식겁하네요. 제가 죽었었다니… 후덜덜!

그나저나 아무리 살려주려 했다지만, 심폐소생술 때문에 온몸이 몰매 맞은 것처럼 아파서 도로 죽겠더군요.
"근데 수간호사님, 심폐소생술 하면 원래 이렇게 아픈 건가요? 저한테 대체 무슨 짓을 한 거죠?"
"심폐소생술은 두 손으로 심하다 싶을 정도로 세게 가슴을 압박해야 하기 때문에 통증은 어쩔 수 없어요. 그래도 살아난 게 어디예요. 정말 천만다행이죠."
다른 간호사가 섭섭해하며 얘기하더군요.
"피터님, 우리가 목숨을 살려줬는데 그렇게 말씀하시면 섭하죠!"
"혹시 평소에 제게 불만 많았던 거 아니에요? 그래서 단체로 이때다 하고 두들겨 팬 거 아닌가 모르겠네. 아이고, 아파라!"
간호사들이 황당하다는 듯 웃으며 말했습니다.
"하, 우린 간 떨어질 뻔했는데…. 이거 물에 빠진 사람

건져줬더니 보따리 내놓으라는 격이네요, 정말!"

"농담이에요. 그래도 다음번에는 좀 살살해 주세요."

"예? 또 그리시려고요? 사람 잡으려고 작정을 하시네, 진짜! 담에 또 그러면 살린다는 보장 못 해요! 큰일 날 소리 하지 마세요."

수간호사의 날 선 멘트에 바로 꼬리를 내렸습니다.

"아, 예. 앞으로 조심할게요." (근데, 뭘 조심해야 하는 건지….)

그날 저는 또 한 번 죽을 고비를 넘기고 목숨을 건졌네요. 아마 저승사자도 "이놈 명줄 하나는 참 질기네" 했을 겁니다. 크크큭!

돌아보니 죽음이란 정말 예고 없이 찾아오는 것 같습니다. 누구나 죽는 순간을 알 수 없는 법이죠. 그런데 아무런 준비도 안 된 상태에서 죽음이 갑자기 찾아온다면 얼마나 당황스럽고 또 억울할까요? 그렇다고 매일 죽음을 준비하며 살 수도 없는 노릇이고요. (그럼 어쩌라는 건지… 에휴!)

"오늘은 어제 죽은 이가 그토록 바라던 내일이다"라는 명언이 있습니다. 이번 기회에 완전히 실감했네요. 하루하루 죽을 준비는 못 하더라도(솔직히 그렇게 살면 세상 살 맛이 안 날 겁니다) 하루하루 최선을 다해 열심히 살 수는 있지 않을까요?

말은 쉽지만 사실 최선을 다한다는 게 결코 쉬운 일이 아닐 겁니다. 그죠?

그래도 이번 경험은 그동안 탱자탱자 룰루랄라하며 살아온 제게 '하루를 낭비하지 말고 똑바로 살아라!' 하는 하늘의 경고가 아닌가 싶었습니다. (그렇다고 맨날 탱자탱자 룰루랄라한 것도 아닌데…. 거 참, 무지하게 겁주시네. 너무하십니다욧!)

비록 최선을 다해 열심히 살지는 못하더라도 노력은 해봐야겠습니다. 그래야 하늘에서도 예쁘게 봐주지 않으실까요? 하하하.

> 예수님은 3일 만에 부활하셨지만…
> 응급실에서 3분 만에 부활한 피터

4.
나는
아이언맨(Iron Man)이다

비가 오는 날이면 이상하게 오른쪽 무릎이 시큰거립니다. 나이가 몇인데 벌써부터 그러느냐고요? 지금부터 그 사연을 들려드리겠습니다.

몇 년 전부터 걸을 때마다 오른쪽 무릎이 아프기 시작했습니다. 아예 못 걸을 정도는 아니고, 어쩌다 한 번씩 아파서 '이러다 말겠지' 하고 대수롭지 않게 넘겼습니다.

그런데 시간이 지나면서 통증이 점점 심해지더니, 걷다가 갑자기 무릎에 힘이 풀려 풀썩 주저앉을 뻔한 적이 많아졌습니다.

결국 참지 못하고 정형외과에 갔습니다. (아플 땐 바로 병원 가는 게 돈 아끼는 지름길이라는 걸 또 한 번 뼈저리게 느꼈습니다. 허흑!)

비싼 MRI 찍고, 이것저것 검사를 한 뒤 진료를 받아 보니. 오른 무릎 바깥 연골이 다 닳아서 뼈와 뼈 사이 간격이 좁아졌다고 했습니다. (이러니 걸을 때마다 뼈끼리 부딪혀 아팠던 거죠. 흐흐흑!)

계속 무릎을 쓰면 조만간 인공관절 수술을 해야 하는데(이제 마흔밖에 안 됐는데 벌써 인공관절이라니!) 아직 젊으니 인공관절 수술은 최대한 미루는 게 낫다고 합니다. (그때는 인공관절 수명이 10~15년 정도밖에 안 된다고 했는데 지금은 20년 이상 쓸 수 있는 것도 나왔다고 하네요.)

허벅지뼈를 조금 잘라 다리 전체 각도를 조정해 통증을 줄이는 방법도 있는데, 큰 수술이라 투석 환자에게는 위험할 수 있다더군요. (세상에 별 해괴한 수술도 다 있군요. 헐!) 그래도 안쪽 연골은 아직 괜찮으니 당분간은 물리치료로 버텨보자고 결론을 내렸습니다. (다행히 수술할 단계는 아니라고 해서요.)

이 나이에 벌써 무릎이 맛이 가다니, 젠장! 투석을 오래 해서 그런 건지, 몸 여기저기서 파업을 하고 난리네요. 뭐 우짭니까? 몸이 아프니 병원에서 까라면 까야죠. 에잇, 띠부럴!

그렇게 일주일에 한 번씩 물리치료를 받고, 2주마다 주사 치료를 받으며 버텼습니다. 치료를 받고 나면 확실히 덜 아프긴 하더군요. 하지만 그것도 오래가지 않았습니다.

평소 스트레칭과 운동을 하라고 했는데 지지리 말을 안 듣고 하는 둥 마는 둥 했으니, 치료한 지 1년쯤 되었을 무렵에는 안 걸어도 아프고 걷다가 비틀거리는 일도 잦아졌습니다.

괜히 아내한테 걱정만 끼치는 것 같아 미안하고, 이대로는 안 되겠다 싶어 다시 병원에 갔습니다.

재검사를 해보더니 '이젠 안 되겠다, 수술하자!'고 하더군요. (하아, 또?)

원인을 물어보니, 제 다리의 무게 중심이 바깥쪽으로 쏠려 있어서 바깥쪽 연골이 다 닳아 통증이 생긴 거라고 했습니다.

인공관절을 하기 전까지는 안쪽 연골로 버텨보자며, 허벅지뼈를 조금 잘라 다리를 통째로 안쪽으로 꺾는 극악무도(?)한 수술을 하자고 했습니다. 게다가 투석 환자는 뼈가 약해서 철심을 박아 한동안 고정해야 한다더군요. (와! 이젠 하다하다 별별 수술을 다 해봅니다. 참 버라이어티 액션 스릴러 같은 인생이네요.)

2017년 2월, 결국 수술대에 올랐습니다. 그리고 서너 시간 뒤, 마취에서 깨어나 눈을 떠보니 회복실에 누워있었습니다. 다행히 수술은 무사히 끝났고 다리는 멀쩡하게 제 몸에 붙어 있었습니다. 단지 코끼리 다리처럼 퉁퉁 부어있을 뿐. 그래도 발가락은 잘 움직였고, 수술 부위가 욱신거리며 아픈 것으로 보아 신경에는 이상이 없는 듯했습니다.

이튿날부터 정형외과 수술의 하이라이트, 재활훈련이 시작되었습니다. 정형외과의 진짜 고통은 재활훈련에서 꽃을 피우죠. 아놔!

이상한 기계에 다리를 고정한 뒤 자동으로 굽혔다 폈

다를 반복하는데, 처음에는 5분도 못 견디겠더군요. 무릎과 허벅지에 찢어지는 듯한 통증이 몰려왔습니다. 무릎이 아작나는 줄 알았습니다. 하지만 또 사람이란 게 적응의 동물이라, 며칠 하다 보니 통증도 익숙해지고 할 만하더군요.

그렇게 열흘 동안 입원했고 반깁스를 한 채 퇴원했습니다. 6주 동안은 절대 땅에 발을 딛지 말라더군요. 덕분에 한동안 목발 신세를 졌습니다.

문제는, 이 수술을 한다고 해도 통증만 줄어들 뿐이지 결국 안쪽 연골까지 다 닳으면 인공관절 수술을 해야 한다는 것이었습니다.

뭐, 그건 그때 가서 생각하기로 하고, 일단 수술 후 통증이 없어지니 살 것 같았습니다. 비록 걸을 때 살짝 절뚝거리긴 했지만요. 의사샘은 아니라고 하는데, 왠지 다리 길이가 짝짝이 같은 느낌적인 느낌이…. 크크큭!

그리고 이 다리 수술 때문에 생긴 재미난 에피소드가 하나 있습니다.

수술한 다음 해, 회사 창립 20주년 기념으로 직원들

과 직원가족들이 다 함께 중국 칭다오로 2박 3일 여행을 갔습니다. 난생 처음 가는 해외여행이라 무지 설레었죠. 그런데 출국 당일 공항 검색대를 지나는데 "삐" 하고 경고음이 울리는 겁니다.

(뭐지? 열쇠랑 쇠붙이는 다 뺐는데….)

공항 직원이 금속탐지기로 제 몸을 훑는데 허벅지 쪽에서 계속 삐 소리가 울렸습니다.

"아하! 다리에 철심 박아서 그래요. 이런 것도 소리가 나네요."

신기, 신기! 우리나라 공항에서는 별 문제 없이 잘 넘어갔는데, 문제는 중국 공항이었습니다. '공안'이라고 하나요? 무지 살벌하게 생겼더군요. 죄다 깍두기 조폭처럼 생겨서 괜히 주눅이 들었습니다.

'이번에도 검색대에서 걸리면 어쩌지? 뭐라고 얘기해야 하지?'

역시나 검색대에서 삐 소리와 함께 딱 걸린 피터.

공안이 제 허벅지를 가리키며 짤막하게 "What?" 하고 물었습니다. 순간 멘붕! 다리에 철심을 박았다는 걸 영어로 뭐라고 해야 하나…?

I'm… I'm…. 몇 초 간 머리 뽀샤지게 굴리다가 갑자기

영화 속 한 장면이 떠올라 얼떨결에 외쳤습니다.

"I'm… Iron Man… (나는… 아이언 맨이다…)."

아, 제가 말을 해놓고도 엄청난 후회가 밀려왔습니다. 이미 공안은 '뭐 이런 똘아이가 다 있나?' 하는 표정을 짓고 있었습니다. 그리고 똘아이랑 더 이상 상대하기 싫었는지 그냥 '패스(Pass)'라고 하더군요. 그렇게 피터는 국제 똘아이로 등극했습니다. 엉엉엉!

그 후로 2년 뒤, 철심 제거 수술을 해서 이제 더 이상 "I'm Iron Man"을 외칠 일은 없어졌습니다.

투석을 오래 하다 보니 이래저래 잔병치레가 잦고 수술도 많이 해서 온몸이 수술 자국투성이네요. 이러다 프랑켄슈타인이 친구 먹자고 할 듯해요. 그래도 수술 덕분에 아직은 걸을 수 있어서 작년에는 아내와 일본 여행도 다녀왔습니다. 비록 제약이 많은 몸이지만 언젠가는 또 웃을 날이 오겠죠.

왠지… 버라이어티 액션 스릴러가 아닌

개그 인생을 살고 있는 것 같은 피터

5.
아픈 아이를 키우고 계시는 부모님들께

제가 신장병 판정을 받은 건 여섯 살 때입니다. 당시 저희 가족은 그런 병이 있는 줄도 몰랐고, 인터넷은커녕 컴퓨터도 보급되지 않아서 그 어떤 정보도 전무하던 시절이었습니다. 그래서 저희 부모님은 병원에서 하라는 대로 하면 병이 다 낫는 줄 아셨습니다.

아침저녁으로 하던 단백뇨 검사지 색깔을 보며 어머니와 울고 웃고, 가족들과 따로 앉아 혼자 맛없는 무염식을 먹으면서 먹어라 안 먹는다 하며 매일 어머니랑 싸우고, 매달 병원에 다니면서 힘들고 아픈 검사만 주야장천 해야 하는 어린 시절의 저는 '왜 나만 이렇게 살아야 하는 건지' 이해가 되지 않았습니다.

부어봐야 눈 주위 정도고, 뛰면 숨이 좀 찰 뿐인데…. 신장이 뭔지도 잘 모르던 어린아이다 보니 그저 어른들이 '해야 한다'는 말에 어쩔 수 없이 끌려다녔습니다. 그러면서 속으로는 '가족들이 나를 미워해서 그런가?'라고 생각한 적도 있었습니다. 왜냐하면 제대로 설명을 해주는 어른이 아무도 없었으니까요.

결국 열 살이 되던 해에 저는 처음으로 투석을 시작했습니다. 투석에 대한 지식이 전혀 없던 어머니와 저는 한 달 정도만 투석하면 다 끝나는 줄 알았습니다. 하지만 투석을 하는 동안만큼은 맘대로 먹을 수 있다는 사실에 마냥 좋았던 저와는 달리, 평생 투석을 해야 한다는 걸 나중에 알게 된 어머니는 하늘이 무너졌을 겁니다.

그렇다고 모든 걸 포기할 수 없었던 어머니는 제가 일주일에 세 번씩 투석하는 와중에도 매일 학교에 보내셨습니다. 제가 힘들어 할 때는 업어서 등교를 시켜주셨습니다. 적어도 고등학교까지는 졸업해야 사람 구실 한다는 이유에서였습니다. 역시 대단한 대한민국 어머니십니다.

그 후로 매번 오전 수업만 하고 어머니와 투석을 하러 갔었는데, 어느 날 수간호사님이 어머니를 부르셨습니다.
"어머님은 이제 투석실에 오지 마시고 피터만 혼자 보내세요. 지금부터라도 혼자 관리하는 걸 배워야 합니다."
이게 무슨 청천벽력 같은 소리입니까? 열 살짜리 꼬맹이를 이 험한 세상에 혼자 내몰다니요! 하지만 수간호사님이 그렇게 얘기하는 이유가 다 있었더군요.
'이 병은 장기전이기 때문에 어릴 때부터 철두철미하게 혼자 관리하는 법을 배워야 한다. 그러니 약 먹는 것부터 투석실 다니는 것까지, 혼자 할 수 있는 건 절대 해주지 마라. 그래야 어른이 돼서도 혼자 관리할 수 있다. 그렇지 않으면 평생을 따라다니면서 챙겨줘야 한다.'
어린 저에게는 참 잔인(?)한 얘기였지만 솔직히 틀린 얘기는 아니었지요. 수간호사님 덕분에 그 이후로 저는 혼자 투석실을 다니면서 투석에 대해 세뇌교육(?)을 받았고 어머니도 저를 대하는 태도가 달라지셨습니다. 아마도 그때부터 어머니의 스파르타식(?) 교육이 시작되지 않았나 싶습니다. 크크큭.

어쨌든 투석이란 게 정말 쉬운 일은 아니지요. 다 큰 어른들도 투석을 해야 한다면 대부분 멘털부터 무너지기 마련인데 무너질 멘털조차 없던 나이에 투석을 시작해서 오히려 잘 버티지 않았나 싶습니다.

하지만 투석보다 더 힘든 게 자괴감이었습니다. 제 걱정, 병원비 걱정 그리고 저 때문에 제대로 신경 못 써주는 동생 걱정, 항상 어머니는 걱정으로 시작해서 걱정으로 끝나는 하루를 보내곤 하셨습니다. 겉으로는 아닌 척 하셨지만, 열 살이라는 어린 나이에도 눈치라는 게 생기기 마련이지요. 그런 어머니를 보면서, 저는 가족들에게 짐이 된 것 같고 쓸모없는 인간이 된 것 같아 늘 스스로를 탓하곤 했습니다.

그리고 밤마다 '병을 안 낫게 해줄 거면 차라리 빨리 하늘나라로 데려가 달라'고 기도를 했습니다. 내가 없어져야 어머니가 걱정을 덜 하게 될 것이고 가족들이 행복할 거라고 생각했습니다. 지금 생각하면 참 바보 같은 생각이지만, 몇 년을 저 때문에 걱정하며 힘들어 하시는 어머니를 계속 보아온 열 살짜리 어린아이로서는 그렇게 생각할 수밖에 없었습니다.

열한 살 때 이식을 받고 6년간 행복한 시간을 보냈습니다. 그러나 그 후 거부 반응으로 인해 다시 투석을 해야 했을 땐 정말 절망적이었습니다. 초등학교 시절 처음 투석을 할 땐 뭣도 모르고 했다지만, 고등학생이 되어 사춘기를 겪는 시기에 다시 투석을 하려니 몸도 마음도 정말 힘이 들었습니다.

이제는 내 병에 대해 인식할 수 있는 나이가 되니, '투석'이라는 족쇄에 다시 매이게 되었다는 절망감과 함께 미래의 꿈과 하고 싶었던 일들이 모두 허공으로 사라진 듯한 좌절감에 휩싸였습니다. 다시 쓸모없는 인간이 되어 버린 것 같고 가족에게 짐이 됐다는 죄책감에 진짜 나쁜 생각도 했습니다.

아마도 그때 제 멘털이 무너졌던 것 같습니다. 하지만 그런 부정적인 생각 때문에 마음까지 무너질까 봐, 거기서 벗어나기 위해 발버둥을 쳤습니다. 왜냐하면 어릴 적 함께 투석하던 또래 친구들 중, 결국엔 마음까지 무너져 불안증이나 우울증, 심지어 자폐 증세를 겪는 경우를 본 적이 있기 때문이었습니다. 또 부모가 아픈 아이만 신경 쓰다 보니 건강한 형제자매가 자폐 증세를 겪는 경우도 있었습니다.

저 또한 그렇게 되지 않기 위해 스스로를 바꾸려고 애썼고, 부정적인 생각에서 벗어나기까지 많은 시행착오를 겪으며 오랜 시간이 걸렸습니다. 그리고 지금도 여전히 노력하고 있습니다.

안타깝게도, 신장이 나빠지기 시작하면 급성이 아닌 이상 지금으로서는 이전 상태로 되돌리기가 거의 불가능합니다. 결국에는 투석이나 이식밖에 방법이 없는데, 나이가 너무 어릴 땐 잘 모르다가도 점점 성장하면서 자신이 다른 친구들과는 다른 삶을 살아야 한다는 걸 깨닫게 됩니다.

남들만큼 따라주지 않는 체력, 암울한 미래, 하고 싶은 걸 못하는 무력감…. 게다가 몸이 약하다는 이유로 따돌림이나 무시를 당할 수도 있습니다. 어른도 감당하기 어려운 일인데 하물며 아직 자아가 완전히 형성되지 않은 아이에게는 더욱더 버거운 일일 겁니다.

부모님 또한 병원비 걱정에, 병원 쫓아다니랴, 식단 걱정하랴, 건강 걱정하랴 더 나아가서 아이의 진학 문제와 직장, 결혼까지… 정말 걱정만 하다 인생이 끝날 것 같은 불안감에 빠집니다. 그러니 아이의 마음까지 들여다볼 여력이 없겠지요.

물론 저처럼 부정적인 생각을 안 할 수도 있고, 저와는 다른 마음가짐으로 살아갈 수도 있습니다. 하지만 30년 이상 투석을 해오면서, 안타깝게도, 몸이 아픈데 마음까지도 아픈 친구들을 많이 보았습니다.

저조차도 마음의 상처가 있는지도 모른 채 지내다가, 나중에서야 여친의 권유로 심리상담을 받으면서 저의 상처에 대해 알게 되었습니다. 덕분에 제 내면을 들여다볼 수 있었고 마음도 추스를 수 있었습니다.

이 병은 쉽게 완치되는 병이 아니므로, 가장 어려운 게 '받아들이는 것'이라고 합니다. '왜 나만 이런 병에 걸려서 힘들고 고통스러운 건지'부터 시작해서 점점 무너져 내리며 우울증에 걸릴 수도 있습니다. 그만큼 멘털 관리가 힘들고 어렵습니다.

하지만 평생을 걱정 속에서 암울하게 살아야만 하는 걸까요? 아프더라도 행복하게 살 수는 없는 걸까요? 아파도 행복하기 위해, 저 또한 여러 가지 방법을 시도해 보았지만 결코 쉬운 일이 아니었습니다.

여섯 살 때부터 시작한 투병 생활이 이제는 40년이 넘었습니다. 의사가 절 포기한 적도 있고, 죽을 고비도 몇 번 넘기고, 오랜 세월 동안 지긋지긋한 투석을 하며 남들과는 전혀 다른 인생을 살아왔지요. 하지만 대학도 졸업했고, 직장도 꾸준히 다니고 있으며, 연애도 하고 결혼도 했습니다. 남들 보기에는 평범하지 않지만 저는 평범하게 살고 있습니다. 그동안의 제 인생이 모두 불행하지만은 않았습니다. 돌이켜보면 순간순간 행복했던 작은 기억들이 지금껏 저를 버티게 해준 게 아닐까 하는 생각이 듭니다.

아픈 아이를 돌보는 일은 정말 힘이 듭니다. 병원을 다니는 건 물론, 신경 쓸 것도 많고, 가끔은 내가 아이한테 잘못해 줘서 그런가 하는 죄책감도 들고, 아이의 미래도 걱정되고, 건강한 아이보다 몇 배는 더 신경을 써야겠지요.

하지만 아이는 자기 때문에 부모님이 힘들고 아파하는 모습을 보고 싶어 하지 않습니다. 오히려 부모님과 행복한 시간을 보내고 싶어 할 겁니다. 그런 행복한 기억들이 쌓이고 쌓여 힘든 삶에서 희망이 될 수 있을 겁니다.

그러니 가끔은 아이의 마음을 들여다보셨으면 합니다. 그마저도 여력이 없다면, 적어도 아이가 스스로를 미워하거나 죄책감을 갖지 않도록 도와주셨으면 합니다. 부모님만큼이나 아이도 마음의 상처가 있을 수 있으니까요.

그리고 아직 일어나지도 않은 미래를 걱정하기보다는, 아이에게 행복한 기억을 많이 만들어 주세요. 좋은 추억들이 차곡차곡 쌓이면 나중에 힘든 상황에서도 버티는 힘이 되고 아프더라도 행복할 수 있습니다. 그러기 위해서는 부모님부터 먼저 행복해야겠지요. 부모가 행복하면 아이도 행복할 수 있습니다.

제가 처음 투석할 때는 장애인 혜택 같은 것도 없었고, 이식 신장 유지도 평균 5년 정도밖에 안 됐지만 지금은 의학기술과 제도가 많이 발전했습니다. 또 10년 후엔 어떻게 바뀔지 아무도 모르는 일입니다. 그러니 희망을 잃지 마시고 아이랑 함께 행복한 시간을 보내시길 바랍니다.

오늘도 행복을 찾는 피터

수술 이야기, 다섯

나만의 것이 아닌,
네 번째 삶

- **2022년 12월 3일, 토요일**

저는 직장 관계로 월요일, 수요일 야간과 토요일 오전에 투석을 했습니다. 그리고 12월 3일, 그날도 여느 때와 다름없이 토요일 오전에 투석을 마치고, 집으로 돌아가기 위해 일어나는 순간 의식을 잃고 말았습니다. 솔직히 의식을 잃은 것도 나중에 들은 얘기로, 그 순간의 기억은 전혀 없습니다.

얼마나 지났을까…. 다시 정신을 차렸을 때, 저는 낯선 곳에 누워 있었습니다. 입에는 커다란 인공호흡기가 물려 있었고, 온몸엔 링거와 각종 기계들이 붙어 있었으며, 주변에서는 의료진들이 바쁘게 움직이고 있었죠.

내가 왜 여기에 누워 있는지, 어떻게 된 건지 상황을 파악하기도 전에 엄청난 고통이 밀려왔습니다. 숨을 쉬는 것조차 버거웠고, 온몸은 두들겨 맞은 것처럼 아팠습니다. 의식이 돌아왔다가 다시 희미해지기를 반복… 그야말로 고통의 연속이었습니다.

갑작스럽게 병원에서 긴급 호출을 받고 달려온 아내는 처치실에서 응급치료를 받고 있는 제 모습을 보고 다리에 힘이 풀렸다고 합니다. 놀란 마음을 진정시키기도 전에 담당 의사는 상황이 위급하니 가족에게 연락하라고 했고, 경황이 없는 상태에서 모인 가족들은 제가 깨어나기만을 간절히 바랐다고 합니다.

나중에 아내에게 들은 이야기로는, 제가 투석 후 갑자기 심정지가 와서 한 시간 동안 심폐소생술(CPR)을 받았고, 상태가 불안정해 급히 중환자실로 옮겨졌다고 했습니다. 24시간 저속 투석기와 인공호흡기에 의지한 채 이틀 만에 가까스로 의식과 호흡이 돌아왔다고 하더군요.

그러나 이후에도 심한 폐렴, 저혈압, 그리고 심장 기능 저하로 전기 충격을 여러 차례 시도했다고 합니다. 심장으로 가는 혈관 세 개 중 두 개는 완전히 막혔고, 나머지 하나조차 70~80퍼센트가 막혀 있는 상황이었습니다.

- **중환자실에서의 일주일**

심폐소생술 과정에서 갈비뼈 여섯 군데가 부러져 숨을 쉬는 것도 힘겨웠고, 저혈압과 심장 기능 저하로 혈관 상태는 더욱 악화되었습니다. 링거를 놓을 혈관조차 찾기 어려웠죠. 팔과 다리에서 혈관을 찾지 못해 바늘을 수십 번 찌르다 보니 양쪽 다리에 혈관이 터져 정맥염으로 진행됐습니다.

저혈압과 폐렴, 그리고 기흉까지 겹쳐 어떻게 그 시간을 견뎠는지 모르겠습니다. 게다가 독한 진통제 때문에 생긴 환청과 환각까지 저를 괴롭혔습니다.

팔다리는 묶여 있었고, 인공호흡기 때문에 말도 할 수 없어 손짓과 발짓으로 고통을 표현했습니다. 다행히 눈치 빠른 간호사는 종이와 펜을 가져와 어디가 아픈지 써보라고 해서 도움을 받았지만, 어떤 간호사는 가만히 있으라며 화를 내기도 했죠. 에휴!

중환자 집중치료실에는 저와 간호사 단둘뿐이었고 면회도 허용되지 않았기에, 그곳에서 일주일 동안 혼자만의 사투를 벌였습니다. 아내는 하루에 한두 번씩 전화로만 제 상태를 전달받았다고 했습니다. 제 상태가 어떤지 직접 볼 수 없으니 아내도 얼마나 답답했을까요. 흐흐흑! 지금 생각하면 아내에게 미안하고 또 미안한 마음뿐입니다.

• 전원

일주일 뒤, 상태가 조금 나아져 중환자실을 나올 수 있었습니다. 여전히 고농도 산소호흡기에 의지했지만 조금씩 자가 호흡을 할 수 있게 되었죠.

의료진은 더 이상의 치료가 어렵다며 서울대병원 심장내과로의 전원을 권유하더군요. 그렇게 저는 서울대병원으로 전원을 하게 되었습니다.

일주일 만에 중환자실을 나와 아내를 본 순간 어찌나 눈물이 나던지…. 숨도 잘 쉬어지지 않아 말하기가 힘들었습니다.

"미… 안… 해…."

"뭐가 미안해. 힘드니까 말하지 마."

아내는 울음을 참으며 말했습니다.

119 앰뷸런스를 타고 서울대병원에 도착한 직후, 그나마 좀 나았던 몸 상태가 다시 악화되었습니다. 혈압이 급격히 떨어지면서 심혈관계내과 중환자실로 옮겨졌고, 다시 24시간 저속 투석기를

연결한 채 수많은 링거를 달았습니다. 제 의식은 또다시 흐려져 갔습니다.

　의료진은 심장 이식이 최선의 방법이지만, 현실적으로 뇌사자를 구할 방법이 없다고 했습니다. 그리고 차선책으로 제안한 것이 관상동맥 우회술(양쪽 허벅지 혈관 일부를 떼어 막힌 심장 혈관의 우회로를 만듦으로써 심장 근육으로 흐르는 혈류를 개선하는 수술)이었습니다. 그러나 그렇게 큰 수술을 제 심장이 버텨낼 수 있을지가 관건이었죠. 설상가상으로 장출혈까지 생겨, 일단 혈관 조형술로 장출혈을 막는 것이 우선이었습니다.

　하지만 심장 기능이 바닥으로 떨어진 상태라, 혈압 승압제와 여러 링거, 기계들을 단 채 혈관 조형실까지 가는 것조차 쉽지 않았습니다. 검사실로 가는 도중 혈압이 떨어져 황급히 중환자실로 되돌아오기를 여러 번 반복했습니다. 검사실까지 가는 것도 이렇게 어려운데, 과연 수술을 견뎌낼 수 있을까…. 저는 점점 지쳐갔습니다.

• 유서

　40년간 투병 생활을 하며 참 많은 일을 겪었지만 그래도 포기를 몰랐던 저였습니다. 그런데 이번에는 모든 걸 그만두고 싶어졌습니다. 정말이지 너무 지쳐서 '그냥 이대로 죽으면 이 고통이 다 끝날 텐데…' 하는 생각이 들었습니다. 심정지가 왔을 때 바로 하늘나라로 가지 않은 것은, 하늘에서 잠시나마 정리할 시간을 주신 것 같았습니다.

중환자실에 홀로 누워 있는 새벽, 저는 아내와 가족들에게 짧게 유서를 쓴 뒤 휴대폰 메시지로 보냈습니다. 그리고 적금을 해약해 아내에게 한동안 쓸 생활비를 보내고 통장 비밀번호도 알려주었습니다.

새벽에 집에서 자다가 메시지를 본 아내는 제정신이 아니었다고 합니다. 한겨울에 옷도 제대로 걸치지 않은 채 병원으로 가겠다며 울고불고 난리를 쳐서, 마침 그날 함께 계셨던 장모님께서 간신히 말렸다고 합니다.

또한 저는 의료진에게도 사전연명의료의향서를 이미 등록했다고 알리며 더 이상의 치료를 받지 않겠다고 했습니다. 그러나 이 말을 들은 담당 외과 의사가 화를 내더군요.

"치료 방법이 있는데 왜 벌써 포기합니까? 1퍼센트의 가능성이라도 있다면 뭐든 해봐야죠. 나이도 젊은데 이대로 포기하면 아깝지 않습니까?"

그리고 의사는 아내에게 연락해 저를 설득해 달라고 했습니다. 아내는 "너무 힘든 거 아는데, 그래도 한 번만 더 힘을 내보자"라며, 자신도 힘내볼 테니 조금만 더 참아보자고 했습니다. 아내의 그 한마디에 저는 눈물이 났습니다. 아내도 힘겹게 버티고 있을 텐데…. 여태껏 잘해 준 것도 없는 제가 모든 걸 포기하려 했다는 사실이 원망스러웠고, 아내에게 미안했습니다.

모든 걸 놓아버리려던 저는 지푸라기라도 잡는 심정으로 다시 마음을 다잡았습니다.

'그래! 어떻게든 살아야겠다. 다시 살고 싶다!'

- **2022년 12월 21일, 수술**

다행히 두 번에 걸친 혈관조영술로 장출혈은 멈추었고, 바로 관상동맥 우회술 수술 날짜가 잡혔습니다. 예전에 수술실에 들어갈 때는 모든 걸 하늘에 맡기고 편안한 마음으로 들어갔지만, 이번에는 '다시는 못 나올 수도 있겠구나' 하는 생각에 두려움이 앞섰습니다.

살아야 하는데…. 살고 싶다는 생각이 간절했기에 제발 살려 달라고 하늘에 빌고 또 빌었습니다.

수술 당일, 안타깝게도 아내 얼굴도 못 보고 수술실로 향했습니다. 그리고 수술실에서 잠이 들었습니다. 제발 다시 눈을 뜰 수 있기를 빌며….

얼마나 지났을까…. 중환자실에서 눈을 떴습니다. 다행히 다시 살았다는 안도감과 함께 밀려오는 온몸의 고통…. 극과 극의 감정을 느끼며, 마취제 때문인지 진통제 때문인지 정신이 몽롱한 상태였지만, 수술 결과가 궁금했기에 손짓으로 의료진을 불렀습니다.

결과는… 수술이 잘되었다고 했습니다. 피도 잘 돌고 있고, 심장도 잘 뛰고 있다고요.

'아, 정말 다행이다. 다시 아내 얼굴을 볼 수 있겠구나.'

그 뒤에 한 얘기는 기억이 나지 않습니다. 진통제 때문인지 긴장이 풀려서인지, 아픈 것도 잊은 채 다시 잠들어 버렸습니다. 오랜만에 마음 편히 잔 것 같네요.

- **중환자실에서의 크리스마스**

수술한 지 하루 만에 일반 산소호흡기로 바꾸고 침대에 기대어 앉을 수도 있었습니다. 그리고 시작된 수술 후 최고의 하이라이트, 고통 중의 고통, 기!침!하!기!

여덟 시간 반 동안 진행된 수술로 쪼그라든 폐를 펴기 위해서는 아프더라도 기침을 해야 하죠. 하지만 저는 가슴뼈를 반으로 절개하고 심장 수술을 받은 상태였기 때문에 기침을 제대로 할 수 없었습니다.

"에헤, 에헤, 아이고, 아파라."

기침을 하려고 해도 앓는 소리만 나왔죠.

"피터님, 그게 기침하는 거예요? 소리만 내지 말고, 크게! 가슴 펴고!"

간호사가 당장 불호령을 내렸습니다.

"가슴이… 가슴이… 너무 당기고 아파서…."

"네, 네, 당연히 아프죠! 그래도 폐렴에 안 걸리려면 해야 해요. 자, 따라 해보세요. 힘차게! 엣! 헷! 엣! 헷! 등 두드려 드릴 테니 딱 세 번만 해봅시다." (퍽! 퍽!)

"잠깐만요. 너무 아파요! 아이고, 에헤, 에헤…."

"그게 아니라니까요. 제대로! 저기 저분처럼요. 자, 다시요!"

아침마다 간호사들이 돌아가면서 중환자들을 일으켜서 두들겨 패고(?) 기침을 시킵니다. 가슴이 찢어질 듯한 고통을 참으며 기침을 해야 통과가 되고 그날 하루 편히 쉴 수 있죠. 에휴!

그렇게 조금씩 회복하면서 물도 마실 수 있게 되었고, 미음도 먹기 시작했습니다. 그리고 매일 한 번, 단 30분만 주어지는 면회 시간마다 아내가 와서 조금씩 회복하고 있는 저를 보며 기뻐했습니다. 의료진도 '큰 수술이라 심장이 버티기 어려울 것 같아 걱정했는데 이렇게 살아난 게 기적'이라고 하더군요.

그리고 중환자실에서 맞이한 크리스마스날, 아내가 크리스마스 선물로 전부터 먹고 싶었던 바나나 우유를 사다 주었습니다. 참 맛있고 달콤하더군요. 이렇게 살아있으니 이 맛을 느낄 수 있는 거라 생각하면서, 만약 정말 수술 전에 삶을 포기했으면 어쩔 뻔했나 하는 생각에 눈물이 났습니다.

간호사가 지나가면서 "그렇게 울 정도로 맛있어요?"라고 핀잔을 주었지만, 제 귀엔 들리지도 않았습니다. 이렇게 살아있는 것이 감사하고 또 감사했습니다.

그렇게 2022년 12월, 크리스마스는 제게 기적이었고, 저는 네 번째 삶을 선물로 받았습니다.

• **2022년 12월 26일, 일반 병실로**

중환자실에서 일반 병실로 오게 된 저는 이제 잘 먹고 회복만 하면 금방 퇴원할 수 있을 거라고 생각했습니다. 그래서 당장 다음 날부터 다리에 힘주는 연습을 시작했습니다.

한 달 가까이 거의 누워만 지냈으니 온몸의 근육이 다 빠지고,

몸은 천근만근 무거웠습니다. 게다가 더 충격적인 건, 아내의 손거울로 한 달 만에 본 제 얼굴이 10년은 늙어버린 모습이더군요. 그나마 붙어 있던 살들이 다 빠져서 눈이며 볼이며 얼굴 전체가 축 처졌고, 얼마나 스트레스를 받았는지 머리는 엄청난 탈모와 함께 군데군데 하얗게 새어버렸더군요.

"거울 속 이 어르신(?)은 누구… 야? 내가 왜… 이렇게 됐지?"

제가 당황해서 버벅거리자 아내가 따뜻한 말을 건넸습니다.

"너무 고생해서 그런 거지. 그래도 여기까지 온 게 어디야. 빨리 회복해서 퇴원하면 맛있는 거 먹으러 가자. 그럼 얼굴이랑 머리도 다시 돌아올 거야."

"응."

그리고 시작된 재활훈련. 물리치료사가 이틀에 한 번씩 와서 다리 운동, 허리 운동을 시켜주었고 덕분에 점점 힘이 생겼습니다. 드디어 침대 짚고 일어서기, 한 발짝 움직이기, 두 발짝… 그렇게 다시 걷기까지 2주가 걸렸습니다.

하지만 제가 조금씩 회복해 가던 차에, 이제는 긴장이 풀린 아내가 녹다운이 되어버리더군요. 추운 겨울 내내 제 걱정에 간병하느라 이식한 몸으로 병원과 집을 매일 오가며 얼마나 힘들었을까요. 못난 남편 때문에 고생만 한 아내에게 미안하고, 고맙고, 또 고마울 따름입니다.

그래서 한동안은 간병인을 두고 아내는 집에서 좀 쉬라고 했습니다. 물론 쉬는 게 쉬는 게 아닐 테지만요. 그래도 그런 아내 덕분에 제가 다시 살아났다고 해도 과언이 아니죠.

• 2023년 2월 6일, 퇴원

조금만 먹어도 구토 증상이 나타나고 부정맥으로 인한 전기 충격 치료, 저혈압으로 인한 투석의 어려움 등 많은 문제로 힘든 입원 생활이었지만… 그래도 그날이 오긴 하더군요.

드디어 퇴원을 하게 되었습니다. 비록 지팡이에 의지해야 하고 저혈압도 문제였으나, 심장 기능이 제대로 돌아오면 나아질 거라고 했습니다. 또 부러진 갈비뼈가 붙는 데 6개월이 소요된다고 하더군요. 아직은 문제가 많은 몸이긴 해도 집으로 갈 수 있게 되었습니다. 집으로요. 집! 다시는 못 갈 줄 알았는데… 흐흑!

집에 오니, 가슴팍으로 달려오는 댕댕이를 안아줄 수는 없었지만, 두 달 만에 만나 반가워 날뛰는 녀석을 보니 또 눈물이 앞을 가렸습니다.

'그래, 그래. 이렇게 다시 살아서 만나니 나도 반갑구나.'

그날 저녁, 아내와 조촐하게 퇴원 축하 파티를 했습니다. 댕댕이도 함께요. 살아줘서 고맙다는 아내…. 그동안 고생시켜서 미안하고, 또 너무나도 고마웠습니다. 이런 아내를 혼자 두고 삶을 포기할 생각을 한 제가 정말 한심스러웠습니다. 그리고 절 위해 기도해 주신 많은 분들께도 그저 감사할 따름이었습니다.

저는 많은 분의 도움으로 네 번째 삶을 살기 시작했습니다.

• **그 후 이야기**

저혈압 때문에 퇴원 후 8개월 동안 투석할 때마다 고생했습니다. 그래도 이제 제 기능으로 돌아온 심장 덕분에 올해 초부터 승압제도 끊었습니다. 머리도 다시 나기 시작하면서 탈모 증세도 사라졌고요. 하지만 여기저기 생긴 흰머리는 어쩔 수 없더군요. 밥도 잘 먹고 열심히 운동도 하며 직장에도 다시 복귀했습니다.

아내도 번아웃에서 벗어나면서 작년부터 그림을 배우러 다니고 있습니다. (몰랐던 아내의 재능 발견!) 그리고 올해 초에는 다시 살아난 기념으로 아내와 함께 일본 여행도 다녀왔습니다. 퇴원한 지 1년 만이었죠. 당시엔 꿈도 못 꾸던 일이었는데….

하지만 지금도 저희 부부는 뉴스에서 심정지 사건을 볼 때마다 가슴이 철렁합니다. 제가 어떻게 살아났는지 저도 잘 모르겠습니다. 고비 때마다 하늘에서 왜 저를 안 데려가셨는지도 모르겠습니다.

40년간 투병 생활을 하면서 많은 이들을 하늘로 떠나보냈습니다. 그리고 아직 저는 여기에 남아있습니다. 이제는 제 목숨이 저만의 것이 아닌 것 같습니다. 아직 제가 왜 살아있는지는 모르겠지만, 지금은 그저 떠나간 친구들의 몫까지 열심히 살아야겠다는 생각뿐입니다.

과거엔 저도 이렇게 생각했죠.
'내가 불운해서?', '전생에 무슨 죄를 지었길래?', '내가 뭘 잘못했기에 여섯 살짜리 꼬맹이한테 이런 병이 생기나?'
정말 숱하게 고민하고, 원망하고, 내 자신을 탓하며 시간을 보냈습니다. 하지만 그런 생각들은 저에게 아무런 도움이 되지 않았습니다. 지나고 보니 그런 시간들이 너무 아깝다는 생각이 들더군요.

또 한 번 죽음의 문턱까지 갔다 오니 하루하루가 너무나도 소중했습니다. 앞으로도 끝을 알 수 없는 투병 생활이겠지만, 어떻게 하면 아내와 더 행복할지, 그것만 생각하기로 했습니다.

오늘 하루, 살아있습니까? 그럼 살아야 합니다. 그리고 행복하세요.

순간순간 행복한 시간을 많이 만드세요. 살짝이라도 미소 짓는 시간들, 그것들이 쌓이고 쌓이면 결국 행복한 나날들이 될 테니까요.

'생명'이라는 말의 뜻은 살아있으라는 명령이야.

영화 <우리들의 행복한 시간> 중에서

오늘도 살아있어서 행복한 피터

에필로그

그럼에도 불구하고
사는 이유

　　　　　　어느 날, 며칠간 편두통에 시달리던 아내가 푸념하듯 제게 묻더군요.
"우리는 언제쯤 안 아플까?"
"글쎄, 아마도 죽어야 안 아프지 않을까?"
"그렇겠지? 에휴, 왠지 슬프다."

대화 내용 자체도 슬프지만, 40년 넘게 신장병과 싸워 온 저로서도 이 질문에 대한 답을 이렇게밖에 못한다는 게 더 슬픕니다.

아내나 저는 신장병 진단을 받은 후 여러 번의 수술과

끝없는 검사, 그리고 약을 계속 복용하면서 치료를 이어왔으나, 완치가 아니라 연명 치료를 하는 것과 다를 바 없는 삶을 살고 있습니다.

암은 완치 판정을 받을 수 있지만 신장병은 그렇지 않습니다. 이대로 서서히 죽음을 향해 가는 길밖에는 없는 것 같습니다. 그러니 아내와 저는 앞으로도 끝을 알 수 없는 이 길을 계속 걸어갈 수밖에 없겠지요. 정말 지랄 같은 병입니다. 젠장!

제가 신장병 진단을 받은 건 여섯 살 때입니다. 이후 42년이 지난 지금까지 단 한 번도 건강하게 살아본 기억이 없습니다. 그동안 어떻게 버텨왔는지도 모르겠습니다.

저를 잘 아는 가족이나 지인들은 제게 '40년 넘게 병을 이겨내고 지금까지 잘 살아왔다'고 얘기들을 하십니다. 글쎄요…. 아직 병원에서 투석을 받으며 살아가는 제가 과연 병을 이겨낸 건지는 잘 모르겠습니다. 아니, 이겨본 적이 단 한 번도 없는 것 같습니다.

그동안 저와 같은 병을 갖고 있는 환우들이 세상을 떠

나는 걸 수도 없이 봐왔습니다. 그중에는 친구도 있었고 아는 형, 누나, 동생들도 있었습니다. 그들은 이제 더는 아프지 않은 곳에서 잘 지내고 있겠죠. 하지만 저는 여전히 여기 남아 이렇게 살아가고 있습니다.

의사들이 저를 포기한 적도 있고, 두 번의 심장마비로 죽음의 문턱까지 다녀온 순간도 있습니다. 가끔은 '죽으면 이 고통을 끝내고 편해질 수 있을까?'라고 생각한 적도 있지만 또다시 버티며 살아가고 있습니다.

그 긴 고통의 시간을 어떻게 버텨왔을까 곰곰이 생각해 보니 그 시간 속에 오로지 고통만 있던 것은 아니었습니다.

상황만 봤을 때는 안개 낀 긴 터널 속 같지만, 절망의 시간 속에서도 저와 함께해 준 소중한 사람들이 있었고 그 안에서 소소한 행복을 찾았기에, 그 작은 행복들이 모여 제 삶의 버팀목이 되어준 것 같습니다.

내가 좋아했던 것들, 가끔이지만 맛있게 먹었던 음식들, 가족 또는 지인들과 함께한 추억들, 때론 즐거웠던 학교생활, 그리고 지금의 결혼 생활에서 느끼는 작은 행복들….

별것 아닌 일상들이 저에게는 삶의 이유가 되었습니다. 만약 절망적인 상황만 바라보고 있었다면 이런 행복을 느끼지 못한 채 삶을 마감했을지도 모르겠습니다.

이 병은 제가 선택한 것도 아니고 치료 과정에서 제가 결정할 수 있는 것도 많지 않습니다. 그래서 이 병을 받아들이는 것이 더욱 힘들었던 것 같습니다. 평생 투석이나 이식을 해야만 살아갈 수 있다고 한다면 어느 누구도 쉽게 받아들이기는 어렵겠죠.

하지만 고통의 긴 터널 속에서 바뀌지 않는 과거를 자책하거나 불안한 미래를 걱정한다고 해서 달라지는 것은 아무것도 없습니다. 중요한 것은 '지금 이 순간 내가 어떻게 살아가고 있는가'입니다.

언제 또 죽음이 찾아올지 알 수 없지만 과거도, 미래도 아닌 지금 이 순간 저는 행복하고 싶습니다.

이 병으로 잃은 것도 많지만 얻은 것도 많습니다. 남들처럼 살지 못한다고 절망할 필요는 없다고 생각합니다. 그저 저만의 행복을 위해 그들과 다른 길을 가고 있을 뿐이니까요.

비록 아프지만 여태 잘 살아왔고, 지금도 살아가고 있고, 앞으로도 살아가야 합니다.

주어진 오늘에 감사하며 지금의 나를 사랑하고, 내가 좋아하고 나를 행복하게 하는 것들을 위해 오늘도 한 걸음 내디뎌봅니다.

나는야 행복한 피터